胡华成 编著

商业计划书
从0开始高效融资

化学工业出版社

·北京·

融资已经是当下最热门的话题之一，怎样才能让投资者选择创业者的项目成了必须思考的问题，备受业内人士关注。随着融资的困难与日俱增，投资者对于商业计划书的要求也越来越高，部分创业者急需相关指导。

《商业计划书：从0开始高效融资》立足于创业者的需求，以帮助创业者顺利融资为目的。本书从企业与产品、商业模式、行业市场、产品规划、竞争对手分析、团队介绍、财务规划与预测、融资需求、退出机制等方面进行深入讲解，为创业者介绍案例，提供技巧，旨在让创业者能更快、更好地了解赢得投资者心意的方法。

相信通过阅读本书，创业者会有所收获，找到撰写商业计划书的有效方法，写出契合自身项目的优质商业计划书。

图书在版编目（CIP）数据

商业计划书：从0开始高效融资／胡华成编著. —北京：化学工业出版社，2020.2（2024.3重印）
ISBN 978-7-122-35915-5

Ⅰ.①商… Ⅱ.①胡… Ⅲ.①商业计划 – 文书 – 写作 Ⅳ.①F712.1

中国版本图书馆CIP数据核字（2019）第297543号

责任编辑：刘 丹	美术编辑：王晓宇
责任校对：李雨晴	装帧设计：水长流文化

出版发行：化学工业出版社（北京市东城区青年湖南街13号　邮政编码100011）
印　　装：三河市延风印装有限公司
710mm×1000mm　1/16　印张13½　字数187千字　2024年3月北京第1版第4次印刷

购书咨询：010-64518888　　　　　　　　　售后服务：010-64518899
网　　址：http://www.cip.com.cn
凡购买本书，如有缺损质量问题，本社销售中心负责调换。

定　价：58.00元　　　　　　　　　　　　　　　　版权所有　违者必究

前言

随着科技的不断发展，人们对物质生活的追求不断提高，很多创业者看到商机，希望抓住有利政策，跟随时代的脚步开创属于自己的一片天地。为此，创业者必须制订融资计划，也就是撰写商业计划书。

但很多时候，创业者的项目很有发展前景，却因为商业计划书出了问题，最终没能顺利获得投资。一份优质的商业计划书能为创业者的融资计划保驾护航。

由此可见，无论承认与否，商业计划书都已经让各位创业者的项目和融资有了全新的意义。对于创业者来说，撰写一份优质的商业计划书无疑是一个巨大的挑战。为了更好地应对这一挑战，创业者必须要想出一些有效的技巧与套路，并制定出比较完善的策略。但是，大多数创业者都不太了解商业计划书的撰写方法，也就无法制定出策略。

本书教创业者如何应对融资带来的挑战，从而帮助创业者缓解由融资带来的恐慌和困扰。笔者将丰富的知识积累和多年的实践经验浓缩成这本书，奉献给各位创业者。

《商业计划书：从0开始高效融资》立足于创业者的需求，以帮助创业者顺利融资为目的。本书从企业与产品、商业模式、行业市场、产品规划、竞争对手分析、团队介绍、财务规划与预测、融资需求、退出机制等方面进行深入讲解，旨在让创业者能更快、更好地了解赢得投资者心意的方法。

本书的文字内容力求诙谐幽默、浅显直白，目的就是要让创业者在轻松愉快的氛围中学到知识和方法。通过对本书的学习，创业者可以迅速了解商业计划书的相关知识，从而更好地应对前期撰写和后期展示。希望对于创业者而言，本书的学习之旅会是一段有益的体验。

由于笔者水平所限，加之时间仓促，疏漏之处在所难免，恳请读者批评指正。

编著者

目录

基础篇 商业计划书的基础知识　　001

第1章　商业计划书：价值＋类型＋误区　　002

1.1 商业计划书的3大价值　　002
　　1.1.1 沟通工具：介绍企业价值，吸引投资　　003
　　1.1.2 管理工具：引导公司渡过不同发展阶段　　003
　　1.1.3 承诺工具：作为融资合同的附件　　004

1.2 商业计划书的3种类型　　005
　　1.2.1 路演型商业计划书：商业计划书的浓缩和提炼　　005
　　1.2.2 工作型商业计划书：企业运作的工具　　007
　　1.2.3 验证型商业计划书：竞争压力及风险分析很重要　　009

1.3 商业计划书最容易出现的6个误区　　011
　　1.3.1 预期回报率、现金流预测数据不够　　011
　　1.3.2 忽略竞争对手的情况分析　　012
　　1.3.3 过于期望完美的陈述　　013
　　1.3.4 过多的附录和数据表　　014
　　1.3.5 让他人执笔计划书　　015
　　1.3.6 难以置信的利润和回报　　016

技巧篇　如何写出"撩"人的商业计划书　　017

第2章　摘要撰写：关键点＋内容　　018

2.1 商业计划书摘要的3个关键点　　018

　　2.1.1　突出重点、亮点　　019
　　2.1.2　涵盖计划书整体内容　　020
　　2.1.3　内容形式要简洁　　022

2.2 摘要包括的内容　　023

　　2.2.1　企业介绍　　024
　　2.2.2　商业模式　　025
　　2.2.3　行业及产品市场分析　　027
　　2.2.4　产品规划　　029
　　2.2.5　竞争对手分析　　032
　　2.2.6　团队介绍　　034
　　2.2.7　财务规划及预测　　036
　　2.2.8　融资需求及出让股份　　038
　　2.2.9　退出机制　　040

第3章　怎么介绍企业及产品　　043

3.1 企业基本情况简介　　043

　　3.1.1　企业的组织架构　　044

        3.1.2　企业管理层构成　　　　　　　　　　　　048
        3.1.3　企业控股结构　　　　　　　　　　　　　050
        3.1.4　企业内部控制管理　　　　　　　　　　　052

    3.2 产品介绍　　　　　　　　　　　　　　　　　055
        3.2.1　产品定位　　　　　　　　　　　　　　　055
        3.2.2　产品运营模式　　　　　　　　　　　　　058
        3.2.3　产品竞争优势　　　　　　　　　　　　　062

    3.3 产品介绍最常见的4个坑　　　　　　　　　　064
        3.3.1　苛求细节　　　　　　　　　　　　　　　064
        3.3.2　只讲想法和点子　　　　　　　　　　　　066
        3.3.3　产品信息过于夸张　　　　　　　　　　　067
        3.3.4　追求大而全　　　　　　　　　　　　　　068

第4章　如何设计商业模式　　　　　　　　　　　　　071

    4.1 商业模式的9个要素　　　　　　　　　　　　071
        4.1.1　客户细分：项目对应的目标客户　　　　　072
        4.1.2　价值主张：项目向客户传递的价值　　　　073
        4.1.3　主要渠道：触达客户的渠道　　　　　　　075
        4.1.4　营销策略：运营项目的策略　　　　　　　076
        4.1.5　盈利模式：定价＋主营业务成本＋利润率　078
        4.1.6　核心资源：项目有效运作的重要因素　　　080
        4.1.7　关键业务：项目可行企业的业务　　　　　081
        4.1.8　关键伙伴：供应商及合作伙伴　　　　　　084
        4.1.9　成本结构：开发成本＋营销费用＋采购费用　086

    4.2 影响营销策略制定的因素　　　　　　　　　　088
        4.2.1　消费者的特点　　　　　　　　　　　　　088
        4.2.2　产品的特性　　　　　　　　　　　　　　089

    4.2.3　企业自身的状况　090
    4.2.4　市场环境方面的因素　091
  4.3 营销策略包含的4个内容　092
    4.3.1　市场结构及营销渠道选择　092
    4.3.2　营销队伍和管理　093
    4.3.3　促销计划和广告策略　094
    4.3.4　价格决策　096

第5章　行业及产品市场分析　098

  5.1 行业情况　098
    5.1.1　行业发展历史及趋势　099
    5.1.2　行业的竞争壁垒　101
    5.1.3　行业市场前景分析及预测　103
  5.2 产品所面临的市场情况　105
    5.2.1　目标市场分析　105
    5.2.2　产品市场供求情况分析　107
    5.2.3　产品市场预测　109
  5.3 如何做好市场分析　111
    5.3.1　产品针对什么样的市场　111
    5.3.2　有多少用户在使用产品　113
    5.3.3　行业分析，要突出理解和认知，忌简单罗列　115

第6章　产品规划：发展战略 + 营销计划　117

  6.1 产品的发展战略　117
    6.1.1　项目执行战略　118
    6.1.2　项目合作方案　119

6.2 产品的营销计划 — 121
6.2.1 产品销售代理系统 — 122
6.2.2 产品销售计划 — 123
6.2.3 售后服务策略 — 125

6.3 产品规划中应注意的问题 — 127
6.3.1 不是对产品的描述,而是未来怎么做 — 128
6.3.2 规划步骤要完整、清晰 — 129
6.3.3 融入数据、图表 — 130

第7章 竞争对手分析:类型+关键点+注意点 — 134

7.1 竞争对手的类型 — 134
7.1.1 直接竞争对手 — 135
7.1.2 间接竞争对手 — 136
7.1.3 潜在竞争对手 — 137

7.2 竞争对手分析的4个关键点 — 139
7.2.1 核心竞争力分析 — 139
7.2.2 渠道优势分析 — 141
7.2.3 差异化分析 — 143
7.2.4 竞争壁垒分析 — 145

7.3 做竞争分析时需要注意的点 — 147
7.3.1 竞争思路要清晰 — 148
7.3.2 看清对手的软肋 — 149
7.3.3 凸显自身的优势 — 150

第8章 如何介绍你的优秀团队 — 152

8.1 团队的组织结构情况 — 152
8.1.1 职能结构 — 153

8.1.2 层次结构	154
8.1.3 部门结构	155
8.1.4 职权结构	156

8.2 管理团队的介绍 — 157

8.2.1 团队人数设计	158
8.2.2 人员架构	159
8.2.3 擅长领域	161
8.2.4 持股情况	162

8.3 创始人和主要领导人介绍 — 163

8.3.1 职业履历	164
8.3.2 相关经验	165
8.3.3 能力与技术	166
8.3.4 持股情况	168

8.4 团队介绍时的注意事项 — 169

8.4.1 介绍学历背景，如果学历不高，最好不写	170
8.4.2 介绍团队丰富经验，但不能夸大其词	171

第9章 财务规划及预测：数据 + 报表 — 174

9.1 财务分析的基本数据 — 174

9.1.1 企业成长性：销售增长率 + 资本增值率	175
9.1.2 盈利能力：毛利率 + 净利率 + 净资产收益率	176
9.1.3 负债安全性评估：短期 + 长期	178
9.1.4 资产运营能力：流动资产周转率 + 总资产周转率	178

9.2 财务分析与预测的3大报表 — 180

9.2.1 利润预测表	181
9.2.2 资产负债预测表	182
9.2.3 现金流量预测表	185

第10章 融资需求：融资计划＋融资方案　　188

10.1 资金需求计划　　188
10.1.1 资金需求的时间性　　189
10.1.2 说明资金用途　　190

10.2 融资方案　　191
10.2.1 企业出让的股份　　191
10.2.2 资金其他来源　　193

第11章 退出机制：方式＋内容　　196

11.1 资金可以退出的方式　　196
11.1.1 上市融资　　197
11.1.2 股份转让　　198
11.1.3 股份回购　　199
11.1.4 公司清理　　200

11.2 退出机制：条件＋风险　　201
11.2.1 退出机制的条件　　201
11.2.2 退出机制的经典案例　　203

基础篇

商业计划书的
基础知识

第1章

商业计划书：
价值+类型+误区

大部分创业者都需要通过融资获得资金，使企业或者项目发展壮大，而融资离不开商业计划书。一般来说，投资者在约见创业者之前就已经收到并阅读过创业者的商业计划书，商业计划书是投资者对创业者的第一印象。投资者通过商业计划书可以对创业者的项目及团队进行初步了解，然后再决定是否约见创业者。

商业计划书是展现公司现有实力和未来发展前景的最好证明，那么如何撰写商业计划书才能引起投资者的兴趣，给投资者留下良好的第一印象呢？本章为创业者介绍商业计划书的相关知识，帮助创业者找准方向，向投资者展现什么才是优秀的商业计划书。

1.1 商业计划书的3大价值

创业者想要融资是离不开商业计划书的，但是盲目地撰写商业计划书或者照搬他人套路，是很难让投资者满意的。创业者要从一开始就明确撰写商业计划书的目的，它和本企业及项目有哪些关联，它能为企业和项目带来哪些好处。

下面将从三个方面为创业者介绍商业计划书的价值，让创业者对商业计划书有更深刻的认识,为未来商业计划书的设计和撰写打下良好的基础。

1.1.1 沟通工具:介绍企业价值,吸引投资

商业计划书是创业者和投资者建立沟通的工具。它是全方位、多层次的项目计划,最终需要呈现给投资者,由投资者阅读后做出对项目的投资评判。商业计划书决定了创业者最终能否融资,因此,它需要反映投资者感兴趣的内容。

投资者通过商业计划书的摘要对创业者的企业及项目有初步了解,在被吸引的前提下才会进行深度解读与分析。所以,摘要是商业计划书的重中之重,在介绍中必须体现企业与项目的核心亮点。

除了摘要,还需要创业者在商业计划书的正文部分从项目及产品介绍、商业模式、行业与市场分析、竞品分析、管理团队、财务规划这六大方面进行深度介绍,展现企业的综合实力,为未来的融资做好充足准备。

很多创业者都写过商业计划书,但是成功获得融资的企业却寥寥无几。融资成功的概率不高,有时并不是他们的项目不够好,也不是投资回报率不够高。而是他们的商业计划书无法让投资者愉悦地看下去,或者是项目很好,但是创业者项目策划能力不强,无法展现企业自身优势与发展前景,因此没能达到投资者的要求。

其实,商业计划书的撰写是有一定格式要求和技巧的,本书就是为商业计划书的撰写提供技巧指导。希望创业者注重商业计划书的价值,通过商业计划书实现与投资者的和谐沟通,最终顺利获得融资。

1.1.2 管理工具:引导公司渡过不同发展阶段

商业计划书是企业运营与发展的重要管理工具。它对企业具有统筹策划的作用,对企业发展的全流程予以管理与指导,为企业的运营与发展添砖加瓦。

创业者通过商业计划书吸引到投资者,可能是因为项目的策划合理、预期回

报丰厚。但是在项目运作的过程中会有很多变数，项目可能受到政府政策、行业与市场的发展形势、竞争对手的竞争状态、企业内部人才流失、营销模式的改变等多方面因素的影响。这些影响会导致企业的项目运作情况、投资收益产生偏差，为了让这些不可控因素产生的影响都能控制在创业者可承受的范围内，创业者需要制作一份对自身企业发展有利的商业计划书。

计划书中对项目及产品、运营模式、行业市场、竞争对手、团队管理、财务规划都有明确规定，并针对其变化制定相应的战略，保障项目及产品在运作的任何时期产生的任何问题都能得到高效解决，而且还能在保障投资者利益的同时，规避项目及产品的运营风险，推动企业的可持续发展。

创业者的计划书面对的不只是投资者，还有企业自身与合作伙伴。优秀的商业计划书不但能赢得投资者的青睐，还能得到合作伙伴以及企业内部人员的认可，更能对团队的工作执行提供监督、指导。

1.1.3 承诺工具：作为融资合同的附件

投资者看中商业计划书，不仅是因为计划书中的项目发展前景良好，投资者能得到丰厚的预期回报，更重要的是它是创业者能力的体现。投资者认为，创业者拥有良好的项目策划能力，相应的，他们的项目运作能力也不会差到哪里去。因此，投资者更有投资倾向。

从前期引起了投资者的兴趣，到最终成功获得融资，商业计划书都是必不可少的。后期在签署融资合同时，商业计划书会作为合同附件一起封存起来，作为企业融资与项目运作的依据。在投资者看来，商业计划书是企业融资和项目运作的前期保障，他们对商业计划书的信心就是对创业者和企业的信心。

在企业运营到一定时期，若是项目发展良好，投资者会获得相应的收益回报，并且在所投资金运转达到最高价值的时候，商业计划书能为投资者选择是否退出提供依据与保障。若是项目发展没能按照预期要求进行，企业破产清算，即投资失败时，投资者可以依据商业计划书与融资合同，换取自己应得到的资产分配与相应赔偿，降低投资者的投资损失。

综上所述，投资者对于创业者的项目、运营成功的信心、所投资金安全性等多方面的需求都来自商业计划书，商业计划书是创业者对投资者的承诺保障。

1.2 商业计划书的3种类型

商业计划书是融资的必备工具，根据创业者的不同需求，主要分为三种类型：路演型商业计划书、工作型商业计划书和验证型商业计划书。

这三种类型的计划书无论是特点、表现模式，还是风格都有很大的不同，所对应的场合也不尽相同，这就要求创业者根据不同的场合来选择不同类型的商业计划书。下面介绍一下这三种商业计划书的撰写重点。

1.2.1 路演型商业计划书：商业计划书的浓缩和提炼

路演是目前国际上十分流行的一种推广自己企业、团体、产品、思想的宣传手段，是一个企业进行融资的必要步骤，也是获取投资的非常有效的方法。一旦获得了路演的机会，也就意味着项目有了一个不错的开始，已经在市场上获得了基本的认可。那么，针对路演所制定的计划书就是路演型商业计划书，它基本上是整份商业计划书的浓缩和提炼。

根据路演型商业计划书的特点，创业者撰写此类型商业计划书时需要注意四方面的内容。

1. 特点

在计划书中，创业者需要将他的项目清楚地展现给投资者。在路演的过程中，投资者是没有时间和耐心听创业者详细介绍他的计划的，所以给创业者的时间并不充裕。因此，一份完美的路演型商业计划书应该具有页面少和讲解时间短的特点。

针对这两个特点，创业者就要对路演型的计划书有一个大致规划，首先要考虑下面两个问题。

(1) 页面少,具体是多少页?

(2) 时间短,具体有多短?

实际上,这两个问题没有标准答案,一般来说,这种类型的计划书应该做成5～10页PPT的形式,介绍时间在3～8分钟,只要是在这个范围内就是可以的。

2. 模式

上面已经介绍过,路演的时间并不充裕,所以,路演型的商业计划书需要采取直奔主题的模式。所谓直奔主题,就是直截了当地将投资者关心的问题在计划书中体现出来,不要对不必要的部分进行赘述,那样会消磨掉投资者的耐心。如果出现了这种情况,即使创业者的项目足够好,投资者可能也感受不到,最终的结果就是千里马错过了伯乐。

有的创业者认为有一个前期的引导可以使投资者更好地进入状态,给投资者留下一个好印象。但是投资者都是日理万机的,所以创业者在介绍计划书时,投资者根本没有时间听一些与计划书无关的内容。投资者都是经验丰富的,可以很快进入状态。创业者的前期引导其实是非常多余的。

3. 风格

一般来说,路演型商业计划书所面对的对象,无论是类型还是数量都比较多。这种类型的商业计划书首先要考虑的问题是如何将计划书清楚地展示给所有潜在投资者。在路演时,商业计划书的最好展现形式是PPT,整体风格要简洁,版面风格要统一,传递的信息要明确。

4. 内容

在进行路演融资时,由于时间不长,投资者可能只会关注他们关心的内容。综合来看,路演计划书的内容要简约、大气、明朗、可视性强,具体表现为文字简练,尽量搭配图片、图表,并且图片要清晰,图表数据来源要权威,以便在最短的时间内让投资者获得他们想知道的所有信息。

由以上几点来看,路演型商业计划书最佳的展示方式就是PPT形式。由于时间的限制，现在常用的是5分钟路演PPT。对于融资企业来说，这是非常重要的五分钟，那么，在这五分钟里企业要向投资者展示的内容就是重中之重。

下面介绍一下5分钟路演PPT应该包含哪些内容。

（1）公司概况：这部分一定要在PPT上展示出来，目的是让投资者了解创业者的公司，看到公司取得的进展，最重要的还要展示公司的联系方式，因为创业者必须能够让投资者找到自己。

（2）管理团队：介绍创业者的核心管理团队，让投资者了解管理团队的整体实力，相信创业者的公司是值得信赖的，是有发展前景的。

（3）市场分析：通过图表数据来分析现在的市场情况，要让投资者看到项目的广阔市场，相信创业者有足够的实力在同行竞争中占绝对优势。

（4）财务状况：用报表的形式展示公司的历史财务状况和未来能达到的财务预期，让投资者从报表中看到他的投资是可以获得良好收益的。

（5）融资方案：向投资者展示创业者的融资计划，包括股权和债权方式、融资期限和额度、风险分析、退出机制等方面的内容。特别是要解释清楚股权比例和融资额度之间的关系，以及说明为何需要这个额度的资金，目的是要让投资者知道他的资金用在什么地方。

由于时间限制，路演PPT不可能做到面面俱到，只要把以上内容展示在PPT上就不失为一份优秀的路演型商业计划书。创业者根据上述提示，采用PPT的表现形式，运用少量的页数撰写路演型商业计划书。在向投资者展示时，采用直入主题的模式，在较短时间内有理有据地展现所有精华内容。

1.2.2 工作型商业计划书：企业运作的工具

很多创业者只知道路演型商业计划书，对工作型商业计划书的了解并不多。工作型商业计划书怎么写，跟路演型商业计划书一样吗？工作型商业计划书用在企业日常运作当中，它是企业在一定时期内的工作计划，用于指导企业的运作。工作型商业计划书的写作跟路演型商业计划书类似，但是不包括对竞争对手的分析、融资等内容。那么，工作型商业计划书有什么作用？下面用一个案例来说明。

随着人们生活水平的不断提高，注重养生的人越来越多，绿色生活类企业应运而生。梁女士紧跟时代的潮流，经营了一家茶道馆，其主要业务是为客户提供泡茶、品茶的场所和用具，并且教授客户茶艺与茶文化。虽然茶道馆度过了创业初期，但效益仍不稳定，无法确保茶道馆的利润增长和知名度的提升。

这时，梁女士在一位有创业经验的客户的提醒下，为茶道馆制作了一份工作型商业计划书，旨在为企业的发展确立目标，制订具体的实施计划。计划书中明确增加了线上推广的方式，具体形式为注册并运营专属于茶道馆的公众号和微博等。将客户群体从社会白领、金领，扩大到在校的学生、家庭主妇等。茶道馆业务的运营场所也不再局限于茶道馆内，可能会到客户的学校或者公司，甚至家庭主妇聚会的场所进行茶艺表演。

在工作型商业计划书的指导下，梁女士的茶道馆知名度提高了，树立了良好的公司形象，慕名而来学习茶艺、泡茶、品茶的客户越来越多，营销业绩不断提升，利润不断增加。如今，梁女士的茶道馆已经开始筹备开设分店。

由上述案例可见，一份优秀的工作型计划书对于企业有着至关重要的意义。它会帮助企业找到问题的所在，从而找到解决问题的思路，促进企业不断发展。那么，工作型计划书中需要包含哪些要素？具体如下。

1. 工作内容

工作内容通俗来讲就是做什么，也就是企业的工作目标和任务。创业者在撰写目标和任务时，越具体越好，把大目标分解成一个个小目标、小任务，并且可以把数量、质量等指标都进行量化。

2. 工作方法

工作方法是在工作中需要采取的措施和策略。企业为了达到目标需要采取哪些手段，需要哪些力量的参与，需要什么样的条件，有哪些困难等。总之，在制定措施和策略时，一定要根据企业的实际情况，明确措施和策略，针对工作中存在的问题制定相应的解决方法。

3. 工作分工

工作分工是指企业安排哪些人来实现目标和任务、执行策略和措施。创业者在制订计划时需要统筹全局,明确任务的先后顺序。时间安排、人力安排、物力安排都必须明确,做到人尽其职。

4. 工作进度

工作进度是指企业在每个阶段完成了哪些任务、工作进行到了哪个阶段。创业者在制订工作计划时,每个阶段的目标和任务都要有具体的时间期限,这样就能清楚地知道具体的工作进度。

以上四点要素可以帮助创业者制订相对规范的工作型商业计划书。另外,创业者在撰写工作型商业计划书的时候,需要结合本行业与企业的性质、特点进行设计与编辑,切不可随意借鉴,造成企业工作性质与计划书内容不符的情况。

1.2.3 验证型商业计划书:竞争压力及风险分析很重要

验证型商业计划书所面对的投资者的类型和人数是这三个类型中最少的,一般情况是为了公司与投资者的复谈约见而准备的计划书类型。验证型商业计划书是对整个项目的具体情况进行验证,所以,其中的数据会比较多,制作过程要非常认真、细心。

根据验证型商业计划书的特性,创业者撰写此类商业计划书时需要注意三方面。

1. 特点

验证型计划书的作用是对项目进行验证,既然是验证,就得用数据来增加说服力,而且这个验证不是只针对某一部分的验证,而是对整个项目的验证,内容要立足于全局。正因为如此,验证型计划书最显著的特点就是数据多、全局性强。

在验证型计划书中,公司需要向投资者提供市场、产品、财务等方面的数据，这些数据都是与整个融资项目息息相关的，投资者需要通过这些数据来衡量项目的可行性。因此，这一类型的商业计划书要把重点放在数据上。

验证型商业计划书的强全局性要求在制定计划书时要把握全局，从项目所处的整个行业出发，不能仅仅从公司的角度分析，这样得出来的结论是狭隘的，缺少科学性。毕竟产品生产出来是要面向整个市场，而不是只在创业者的公司内部流通，所以为了更好地让投资者相信验证的准确性，就必须要立足全局，保证计划书的全局性。

2. 模式

在向投资者介绍验证型计划书时，不能一刀切，把每项内容都平均分配是不合适的，投资者不喜欢听那样的介绍。验证型计划书中的数据多，虽然数据是直观的表达方式，但如果数据太多，投资者会搞不清重点。

所以，这一类型的计划书适合采取重点分析讲解的模式。这样可以帮助投资者更好地了解计划书中的各项数据。在制定验证型商业计划书时，要先对重点内容进行梳理，然后在计划书中为重点内容安排比较大的篇幅，让投资者对重点内容有更加全面、透彻的了解。

重点内容不是只在撰写时被列为重点，在介绍时也应重点分析讲解。对商业计划书了解不深的新手很容易在介绍时把握不好重点，错失获得投资的良机。其实，根据验证型计划书的特点可以知道，其重点应该放在全局性的数据部分，如产品或服务的相关数据、产品或服务的行业市场情况及财务情况等。

3. 风格

验证型计划书是为融资的最后一步准备的，其中包含了各种数据表格，这些数据表格对最后的融资结果起很大的作用，所以必须认真对待，不能出现一点差错。这决定了这类商业计划书是严谨、一丝不苟的风格，这种风格可以衬托出计划书中的数据是通过认真、仔细的分析得出来的，增强了数据的可信度。

创业者在撰写验证型商业计划书时需要注意，数据和表格可以反映出很多方面的问题，因此，竞争压力与风险分析方面的内容一定要多涉及，这些也是投资者比较关注的部分。最后,希望创业者能够抓住重点,向投资者展现一份优质的验证型商业计划书。

1.3 商业计划书最容易出现的6个误区

商业计划书是创业者取得投资者关注的敲门砖。一份好的商业计划书才能引起投资者的注意,从而使创业者获得约见的机会。但是,商业计划书的价值不限于面向投资者和获得融资,还面向企业内部工作人员和企业的合作伙伴。它不仅为项目工作指引方向和监督进度,而且给企业项目的各方参与者一种承诺,在必要时可以保障各方参与者的基本利益。

创业者在撰写商业计划书时,肯定是想尽善尽美地展现本项目的优势,但有时会陷入误区,给投资者过犹不及的感觉,或者对风险避重就轻,失去投资者的信任。

本节将针对这种情况,为创业者梳理应该如何避免出现撰写误区,向投资者、合作伙伴、内外部工作人员展现一份优质的商业计划书。在获得投资者青睐、成功取得融资的同时,为合作伙伴带来信心,为内外部的工作人员提供工作助力,促进企业的有效运作,保障企业的可持续发展。

1.3.1 预期回报率、现金流预测数据不够

因为收到的商业计划书较多,投资者审阅每份的时间很短,多是草草阅过。创业者若想从中脱颖而出,就需要使内容足够吸引投资者。这表现在既方便投资者阅读,又能让投资者感到信服两个方面。

那么,怎样才能让自己的商业计划书得到投资者的青睐?

1. 数据展现

商业计划书不仅需要创业者以文字的形式来展现,还需要有数据来支撑。尤其是在预期回报率、现金流预测两方面,更需要在商业计划书中直接介绍出来。

介绍这些内容需要注意，创业者要多引用数据，且数据自身要有价值。所列数据要能够体现出创业者的野心，让投资者看到创业者的财务规划以及未来预期的回报。这样投资者才会更加有信心，才会倾向于投资。

2. 形式简洁

创业者引用的数据的表现形式要简洁明确。过多的数据直接放在计划书中，难免会让投资者眼花缭乱。创业者要将数据用一种简洁的方式有规律地展示出来，这样才能吸引投资者。这里还需要注意，数据要放在靠前的位置展示。要知道，投资者不一定能看到计划书的最后，越早展示数据越能为计划书加分。

以上两种方法可以使商业计划书更有吸引力，这里也希望创业者对预期回报率、现金流预测等方面的数据予以重视，不要陷入误区，失去获得投资的机会。

1.3.2 忽略竞争对手的情况分析

任何市场和行业都不缺乏竞争对手，有竞争才会有进步，竞争推动行业的发展，没有竞争的行业会失去发展的意义。某些创业者会忽视对竞争对手的分析，他们或许会认为竞争对手不重要，甚至认为自己独树一帜，没有竞争对手。这些都是不科学的、自欺欺人的想法。

创业者为什么会忽略竞争对手分析，怎样才能改变这种状态？

1. 过分细分市场

某些创业者对于行业市场情况过于细分，导致没有办法找到相对应的竞争对手，就认为没有竞争对手，所以在商业计划书中放弃或者忽略了对于竞争对手的分析。

创业者不妨将企业的优势与劣势罗列出来，然后根据具体情况找到相对应的企业，弄清楚哪些企业是会对本企业的运营与发展产生影响的，以及将来会产生影响的。那些企业就是竞争对手，创业者再根据需要分析竞争对手即可。

2. 过分关注自身

某些创业者对自身企业过分关注，认为只要自己拥有雄厚的资本、优秀的团队、先进的技术，便可以在行业中立足和发展，其他企业的情况再好再坏也无法逾越对不懈追求自身企业发展的关注。

这种思想是片面的、不切合实际的。没有发展空间的行业确实没有什么竞争对手可言。但是企业若想在一个蓬勃发展的行业中出人头地、屹立不倒，对于行业情况、竞争对手的分析是不容忽视的。国家政策和行业市场的大方向引领着行业内企业的发展，竞争对手之间的各类竞争行为也相互促进着彼此的发展。

创业者需要摆正心态，在注重企业自身发展的同时，也要关注竞争对手的发展情况，这样才能在出现任何问题时，都能快速有效地应对，保障企业的可持续发展。

3. 简单涉及

某些创业者对竞争对手不重视，只是在计划书中简单罗列几个同行业企业，并没有进行针对性的分析，这样的展现方式是不可取的。创业者需要根据自身情况，为投资者展现企业的直接竞争对手、间接竞争对手、潜在竞争对手，并根据竞争对手的类别进行竞争对策的讲解。

任何有能力的创业者对于他们所面对的行业的市场情况都是有全面了解的，一份优质的商业计划书也包括对竞争对手的详细介绍。

1.3.3 过于期望完美的陈述

创业者的商业计划书是用来融资的，主要是为了给投资者看。因此，某些创业者希望自己的商业计划书面面俱到，将企业的所有优势都展现给投资者，然而这样的方式一般不会令投资者满意。

因为投资者阅读商业计划书是为了找到有发展、有回报的项目进行投资，让自己闲置的资金创造最大化利益。创业者在商业计划书中将各方面事宜介绍得很详细，在展示商业计划书时过于期望完美的陈述，这些都是相当耗费彼此时间和精力的。

为了避免出现类似情况，创业者在撰写商业计划书的时候可以参考以下几点技巧。

1. 罗列全部内容

为了让商业计划书没有缺失遗漏的内容，且能满足各方参与者的要求，创业者可以将需要展现的内容像目录一样罗列清楚，再根据企业自身的情况进行内容填充，这样可以保证商业计划书的完整性。

2. 突出展示亮点

在进行商业计划书内容的填充时需要注意，填充的内容要是企业的亮点：新颖的数据、尽量不同于其他企业的优势。投资者希望看到的不是创业者努力做了什么，而是和其他企业相比有什么独特之处。这是需要创业者思考的问题。

3. 表现形式鲜明

在满足以上两点的同时，创业者还需要注意商业计划书的表现形式。在文字表述方面，需要合理设计其形式，最好是有规律的、简洁的形式，这样投资者看着舒服，也便于理解。在数据表现方面，可以采取表格的形式，也可以采取图文并茂的形式。这样不但能让投资者眼前一亮，数据还可以让创业者的计划书更有说服力。

1.3.4 过多的附录和数据表

附录和数据表是根据商业计划书正文需要加入的，它的作用是对正文内容进一步介绍与讲解，并不是正文部分必备的，因此需要放在最后的位置。

附录和数据表主要包含以下几方面的内容。

① 正文中涉及的内容和数据的附加信息以及资源出处。

② 正文中某些问题的研究和处理方法。

③ 某些不方便编入正文中，但是比较重要的数据、公式、程序、注释、结构图等。

以上内容是需要在商业计划书的最后附加介绍的附录和数据表内容，应该注意的是，计划书中的附录和数据表并不是越多越好。在支持正文内容阐述的基础上提供这些内容，才能起到加分的作用。否则会让投资者认为是创业者对自己的商业计划书不自信，才在后面赘述过多附录与数据表，这样会让投资者对商业计划书的价值产生怀疑，可能会因此失去融资机会。

面对不应该在商业计划书中出现但有价值的附录与数据表，创业者可以等到投资者对项目有一定兴趣并且想深入探究的后期作为参考资料奉上。

1.3.5 让他人执笔计划书

很多创业者可能由于自身水平有限，或者是不能很好地掌握商业计划书的撰写方法，会找他人执笔撰写自己企业的商业计划书。这一方面说明创业者有自知之明，另一方面可以体现创业者对商业计划书的高标准、严要求。理论上来讲是值得提倡的，但是直接由他人执笔难免会出现一些问题。

1. 不真实

撰写商业计划书是创业者为了企业能更好地获得融资，所展现的内容一定要真实有效，并且与企业项目贴合度高。由他人执笔的商业计划书，或许在表现形式和技巧运用上很符合投资者的心理，但是在企业项目的运作方面会和实际存在差距。

商业计划书有时也是企业的承诺书，失去真实性的承诺书，不但会让投资者失望，而且会给后期项目运作带来麻烦。

2. 不理解

商业计划书是企业融资的敲门砖，创业者通过商业计划书接触到投资者。若计划书设计良好，引起了投资者的兴趣，下一步创业者会收到投资者的约见。

在约见的时候，创业者需要向投资者进一步展示商业计划书，多用PPT的形式进行演讲。但如果创业者的计划书是由他人执笔，难免会存在对部分内容不能透彻理解的问题，导致在回答投资者问题时模棱两可，很容易让投资者产生怀疑，从而放弃投资。

由此可见，由他人执笔撰写的商业计划书也会存在很大的问题，那么，怎样撰写商业计划书才是明智的选择？创业者可以先根据自身企业的情况进行商业计划书初稿的设计，再由专业人士提供科学的帮助，完善商业计划书的内容，相信这样的方式更能得到投资者的青睐。

1.3.6 难以置信的利润和回报

某些创业者为了能顺利获得融资，在计划书的利润和回报部分采取了冒进的方式。宣称自己的回报率能达到100%，希望投资者能抓住机会尽快投资，这样的计划书是不可信的。

创业者在撰写商业计划书时要明确自己的目的。对创业者来说，撰写商业计划书是为了获得融资，因此需要展现企业良好的优势。但是对投资者来说，商业计划书是他们对投资的项目进行了解和鉴别的工具，为了能让自己的利益最大化，他们会寻找既有高回报又有诚信的项目。

因此，商业计划书的利润与回报方面需要是真实有效的，不能为了获得投资者的青睐而夸大这些数据。要知道，计划书既是融资的工具又是企业的承诺书，创业者对于利润与回报过高的预测和保证不利于后期项目的运作，出现的问题也不容易解决。

创业者需要以科学的态度撰写商业计划书，这样才能让投资者感受到创业者的诚意，从而信任创业者，认真对待商业计划书。

技巧篇

如何写出"撩"人的商业计划书

第 2 章

摘要撰写：
关键点 + 内容

商业计划书的摘要又被称为概要、提要。它是项目的内容梗概，对具体内容不加评论和解释，简明、确切地叙述项目重要内容的短文。具体地讲，摘要就是用简洁的语言讲清楚投资的面向人群和范围、采取的方式以及得出的结论，有时也包括具有情报价值的其他重要信息。

融资专家认为："优秀的摘要可以迅速引起基金机构的注意。"在商业计划书中，好的摘要就相当于"龙头"，会给投资者留下好的第一印象，让他们记住创业者的项目。由此可见，制作一份优秀的商业计划书，它的摘要是多么重要。但是在实践中，创业者却很难保证它的质量，本章对摘要撰写进行详细的讲解，帮助大家抓住重点，解决难题。

2.1 商业计划书摘要的3个关键点

知名风投专家曲凯曾说过："我做创业投资这么久，见过的商业计划书大概要奔10000份去了，其中绝大多数都是惨不忍睹的，问题基本都是从摘要开始的。"可见，很多商业计划书的摘要部分都是不合格的。

美国红杉资本说："我们希望商业计划书的摘要部分，以最少的文字提供最多的信息。"由此可以看出，商业计划书的摘要部分应该是整份计划书的精华，文字叙述要精简，不应过于冗长，否则就失去了摘要的意义，也无法提起投资者的兴趣。

一份合格的商业计划书，在撰写摘要时要注意三大关键点。首先，要突出这份计划书的重点与亮点；其次，要涵盖计划书的所有内容；最后，内容形式要简洁易懂。下面我们来深入探讨这三大关键点。

2.1.1 突出重点、亮点

投资者可能一天要审查几十份商业计划书，一般他们只会用几分钟的时间简单阅读商业计划书的摘要。需要有足够的重点和亮点来吸引投资者的眼球，他们才会深入研究。怎样才能用最快的速度引起投资者的注意，是每位创业者需要考虑的问题。

商业计划书的摘要可以用一句俗语概括："少即是多，浓缩就是精华。"创业者必须用清晰、简洁的语言，用项目的闪光点和较强的逻辑性引起投资者的兴趣，并且控制其容量。一目了然的商业计划书摘要，可以使投资者在最短的时间内评审计划并做出判断。

下面来讲讲重点和亮点主要有哪些。

1. 商业运作模式

商业运作模式来自每一位创业者的创意。商业创意基本来源于自身的优势、丰富的经验以及良好的运作机会，这些最终演变成了商业运作模式。

商业运作模式，简单概括就是一家企业的赚钱方式与途径。例如，商场通过销售物品来盈利；公交公司通过收取车费来赚钱；外卖员通过运送外卖获得报酬。创业者有一个好的商业运作模式，就相当于有一个好的开始，项目也就成功了一半。

2. 企业竞争优势

当代是一个充满竞争的社会，企业若能够承受住市场带来的竞争压力，战胜竞争对手的挑战，便能在竞争的浪潮中存活与发展。当然，这一切要取决于企业在竞争市场中拥有多少优势，优势越多，它的商业地位就越稳固，其不断上升的发展趋势就越能得到保障。竞争优势包含很多方面，如企业拥有先进的技术、良好的团队运作能力、成熟的资源平台等。

3. 优秀的团队

21世纪是一个人才竞争的时代，各种人才组成的优秀团队将是攻无不克、战无不胜的。优秀的团队不仅需要人才，还需要成员之间能互补，并有相互协作的能力。这样，项目运作过程中出现的各类问题才能快速有效地解决。

以上三点要素就是商业计划书摘要甚至整份商业计划书的重点与亮点。当投资者看到这些时便会对这个企业充满好感，对企业的发展前景充满信心。这些都是促使其看下去的必要条件。

2.1.2 涵盖计划书整体内容

商业计划书的摘要是整份计划书的灵魂。因此，这部分需要涵盖整份商业计划书的内容，不能有缺失和疏漏。因为摘要浓缩了整份计划书的精华，所以这部分内容最好放在最后阶段完成。这样有利于创业者在设计摘要时，能立足于整份计划书。

摘要的撰写，一定要根据所面对的不同对象进行针对性的设计。

1. 面向投资者

创业者首先要知道，摘要是给投资者阅读的。因此，提炼出整份计划书重点的同时，也要保留针对每个特殊点的讲解。因为不同投资方的侧重点不同，计划书的摘要要能满足各方面的需求，使投资方可以通过摘要统观整个项目的计划，对计划书中涉及的所有内容都能做到心中有数。

一家关于"美容美发"的服务类创业型公司，公司创业者为了能迎合投资者的需要，获得投资。他们在商业计划书摘要中着重说明了企业的未来愿景和发展方向，以便给投资者一个美好的蓝图。但是，他们对企业现阶段所具有的商业规模、竞争优势、营销手段等提及较少或有所忽略，这让投资者对企业了解不清，由此对这份商业计划书产生怀疑。

或许创业者认为自己可以用未来的价值和利润先吸引住投资者，毕竟投资的最终目的是赚钱，公司自身的价值介绍可以放到后期，即在投资者对项目感兴趣时再一一论述。但对于投资者来说，几分钟的时间需要看到的不仅是利润价值，还有对公司情况的了解和规避投资风险。可见，商业计划书摘要的不完整会使投资者陷入犹豫、迷茫、彷徨的状态，进而对投资计划望而却步，结果肯定是创业者不能获得很好的投资。

2. 面向企业与合作伙伴

商业计划书的摘要不只是为投资者准备的，有时也是为企业自身和合作伙伴准备的。它能为企业的负责人提供项目确立、运作、发展的依据，指导管理层与业务员的工作，为他们提供标准，保障项目执行的质量与效率。

一家小型的猎头公司，近几年凭借着"秉承良好的企业理念""不断招聘到优秀人才"等优势，乘着重视"人才竞争"的市场大浪潮不断前进，企业规模越来越大。为继续扩大规模，企业也面临融资问题。

凭借着一份高质量的商业计划书，同时企业管理层的方针政策也很优秀，最终获得投资者的邀约。在会谈上，创业者的演讲准备得很充分，虽然现场发挥容易受各方影响，但是因为商业计划书的摘要涉及全面，为主讲人提供了帮助，使得演讲顺利完成，最终得到了投资方的一致好评。

为了保证商业计划书摘要的完整性，创业者可以采取"自制目录"的方式来进行编写。先将整份商业计划书所涉及的所有范畴的内容都记录下来，然后根据每章对应企业想要给投资者展现的重点进行填充说明。这样既能确保商业计划书的内容能完整地在摘要中得到良好的体现，又能运用闪光点吸引投资者的眼球，取得投资者最大概率的投资意向。

2.1.3 内容形式要简洁

考虑到投资者阅读每份商业计划书的时间和精力有限，撰写摘要的另一大关键点就是内容形式要简洁。创业者要有较好的文笔，用生动流畅的语言直接将想要表达的信息传递给投资者，行文切记不要隐晦，因为投资者是没有耐心和时间去推敲的。具体做法如下。

1. 展现重点内容

所谓的简洁不是像目录那样直接用标题涵盖一切，而是要用简明扼要的文字，将计划书中的所有内容有重点地展现出来。摘要要表达出投资者比较关注的典型问题，以便让投资者很快得到想要的东西。

2. 注重表达形式

摘要不能过长，表现形式不能过于复杂，否则会使投资者对计划书中涉及的项目理解不清。建议运用相同的格式、类似的语言形式进行表达，这样能让投资者更容易理解。

3. 具有感染力

摘要需要设计得有感染力，吊足投资者的胃口，促使其不断往下探究。下面这个案例更能说明形式简洁的价值。

一个白手起家的年轻人，通过自己的努力在社会上有了一席之地，多年的积累让他手握不少葡萄酒庄园的资源，但是资源在手里却没有销售渠道是没有任何意义的。他通过朋友的介绍认识了国内一家大型酒业的继承人，这家酒业的继承人希望能为自家公司开创属于企业自己的品牌。

为了获得继承人的投资，年轻人制作了一份商业计划书，酒业继承人本来对白手起家的年轻人的商业能力很有顾虑，认为年轻人资历尚浅，对于他带来的商业计划书也只是打算随手翻阅。

但计划书的摘要内容形式简洁易懂、逻辑正确、条理清楚、有理有据，这让酒业继承人产生了浓厚的兴趣。在商谈过后，继承人还带年轻人去自家酒庄参观，介绍运营情况。后期继承人将商业计划书交给了自己的父亲，酒业的董事长对年轻人也很认可。最终促成了这次愉快的合作。

这个案例告诉创业者，即使自己的商业背景和社会地位没能达到合作者的预期，但只要商业计划书摘要做得足够好，且项目发展前景好，一样有机会得到投资者和合作方的青睐。

创业者在撰写商业计划书时需要注意，不要陷入内容全面和字数控制相对立的误区，计划书摘要内容形式的简洁还是要建立在创业者所要表达的项目内容完整的基础上。创业者可以学习书籍的表现手法，明确各级标题，层层分析，最后形成完整的体系。

企业的历史或许很悠久，项目或许涉及面很广，但是创业者还是要分清主次，明确自己想要表达的内容。总之，省去花里胡哨的表现形式，舍弃烘托气氛的华丽辞藻，让计划书摘要清爽干练，才是创业者所要达到的目标。

2.2 摘要包括的内容

上一部分着重说明编写商业计划书的三个关键点。下面具体讲述一份成功的商业计划书的摘要部分应该包含哪些内容。

首先，企业应该展示自身优势，对产品及创业者拥有的优秀团队进行简介。

其次，要明确商业模式的选择和项目产品的发展规划，让投资者快速地了解企业或者项目是通过什么方式在获得利润，以及未来发展前景如何。

再次，行业及产品市场分析和竞争对手分析，当前市场的情况、竞争对手的情况以及产品投入市场后的多方面影响，这也是投资者比较看重的。

最后，投资者最关注的就是自己投资后，可以在整个项目中获取多少利润。所以，在摘要部分我们还需涉及财务规划及预测、融资需求及出让股份、退出机制等。只有让投资者觉到自己投入的成本、承担的风险都可以接受，而且在资金链出现问题的时候能自由选择投入或者退出，才能更加稳定其投资心态。

2.2.1 企业介绍

摘要开始部分，创业者要对企业、项目和产品进行一个大致的介绍，让投资者有所了解，知道所投资金是用来做什么的。企业的介绍在一定意义上也是对企业自身的一个梳理，这可以让创业者更加了解自己的企业，在很大程度上可以增强创业者的自信心。

摘要中的企业介绍是投资者了解企业的一个途径。虽然摘要部分比较简洁，但是创业者内心对于企业及产品的具体情况要了然于心，以便在任何时刻面对投资方的提问，都能连贯作答、游刃有余。

那么，商业计划书摘要中的企业介绍和产品介绍部分应该介绍什么？以什么样的表现形式介绍？下面我们来一一说明。

1. 企业介绍

为了让投资者更加直观地了解企业，我们可以将公司的基本信息用一个表格整理出来，方便阅读。表格的内容包括企业名称、公司注册地、注册资本、企业类型、公司成立时间、法定代表人、主营产品或服务、主营行业、经营模式等。需要注意的是企业类型部分，企业类型包括有限责任公司、股份有限公司、合伙企业、个人独资等，其中还需要说明国有成分比例和外资比例。另外，还应说明自公司成立以来主营业务、注册资本等公司基本信息，以及它的变动情况。

2. 产品介绍

在介绍产品时，创业者需要使用生动、形象的语言，这样可以表现产品的特点，提高产品的吸引力。如果用大白话介绍产品，可能连自己都无法吸引，又怎么去吸引投资者？

像广告中对产品的介绍，都是使用优美的语言，这样才会勾起消费者的购买欲望。摘要中的产品介绍也是一样的道理，描述越生动越能吸引投资者。下面可以来看一个产品介绍的案例。

现在的无人机市场还处在一个蓝海阶段，本企业看中该市场的巨大潜力，推出该产品，这个产品是本企业经过多名人员精心研发和设计而成，是一款新型的无人航拍飞行器，可以将大众的视野扩展到从未想象过的高空，用本产品可以从俯瞰的角度拍摄出震撼人心的精美图片和视频。

这款产品拥有独特和稳定的飞行控制系统，保证拍出来的图片和视频是绝对清晰的，而且它的飞行控制系统可以为用户提供自主悬停和返航的功能，摄像头的像素高达2000万，是其他同类型产品不容易达到的。而且本企业的产品致力于让每个用户都可以享受到至美的航拍体验，让大家"飞"得更高，"看"得更远。

这份产品介绍将产品的功能、优势都介绍了出来，它的语言生动、形象，对投资者来说富有吸引力。通过上述案例可以看出，在介绍产品时文字生动的重要性。

撰写产品介绍最重要的就是文字的生动性，这对创业者的文笔有一定要求，撰写者最好使用一些修辞手法和一些优美的词语，如果对自己的文笔没有信心，可以寻求他人的帮助，让文笔好的人替你润色一番，最后用一份生动的产品介绍打动投资者。

由此可见，摘要中的产品介绍很大程度上会为融资与合作带来机会，所以创业者要抓住亮点，用简洁的形式将企业与产品的优势展现出来，让投资者觉得他所要投资的企业前途光明，不应该失去这次良机。

2.2.2 商业模式

最新商业模式的解析表示，企业应该拥有一个同行业竞争对手无法复制替代，或者复制替代成本过高的系统模式。这样可以使企业在市场竞争中处于绝对优势，占据市场高地。这个系统模式管理着企业各方面的资源，大到企业品牌、销售方式、知识产权，小到资金流水、原材料供应、人力资源等。它的价值体现在满足消费者需求的同时，保障公司能盈利，这个系统可以称之为商业模式。

商业模式存在于企业之间、企业与客户之间、企业与合作伙伴之间，达到连接彼此交易关系的作用，交易的方式可以是多种多样的。商业模式要具备以下几点要素。

1. 价值主张

价值主张体现在企业能为客户带来什么样的价值。这种价值是不可替代的，客户无法自给自足，需要通过购买企业的产品来实现。

2. 盈利模式

盈利模式体现在企业为客户提供了不可替代的价值之后，怎样获得盈利，也就是赚钱的方式。这也是投资者最为关心的一点。

3. 关键资源

关键资源是指企业拥有什么样的资源或者能力为客户提供价值，并且保障企业的持续性盈利。这种资源可以是实际的物质，如手中握有不少葡萄庄园，有利于葡萄酒的生产；也可以是抽象的，如拥有怎样的电商平台，可以宣传、销售、推广项目产品。

4. 关键流程

关键流程是指企业能用什么样的方式来实现同时保障客户价值和企业盈利，因为有些特殊时期，这两者是相互矛盾的。提高产品质量、保障客户价值的时候会牺牲企业部分盈利，反之亦然。

计划书摘要的商业模式部分需要具备以上几点要素。商业模式是整个项目的重点部分，这一部分不仅需要在摘要中有所体现，在计划书正文中也要对其详细介绍，投资人看重的也是企业的商业模式。但是摘要中并不需要将商业模式介绍得非常详细，只要将商业模式的大致情况展示出来即可。

戴尔集团的商业模式是行业中的标杆。它的经营理念是，不断发挥人的潜能，其运用"直销"的商业模式占领大面积市场。虽然很多企业都知道戴尔集团的商业模式是什么，但却很难复制，原因在于戴尔集团背后有一套完整的、难以复制的流程体系和资源。

1. 与客户联盟

很多企业过分追求市场竞争，把注意力都放在了竞争对手身上。戴尔集团反其道而行，将主要注意力放在客户身上，更加注重客户对产品质量和服务质量的评价，然后结合用户需求不断改进，得到了广大用户的一致好评。而对于竞争对手方面，戴尔集团也是本着良性竞争的原则，取其精华，去其糟粕，将对手当成镜子，从而改正自身的不足之处。

2. 与供应商结盟

在供应体系中运用"随订随组"的作业模式，这种直销的经营模式让公司能更好地掌握销量，同时可以降低存储压力。戴尔集团运用这种模式将客户需求与供应商的供应紧密结合起来，这种连接越紧密，对于提高公司的利润价值和反应能力越好。

3. 增值服务渠道

戴尔在营销方面改变了普通的经营模式，将仅靠硬件销售赚钱的模式，变成通过为消费者提供服务获利。虽然戴尔为客户配备了强有力的电脑配置和服务力度，但是更加专业的"增值服务"会弥补其部分服务的缺陷，并增加市场覆盖面积，提高核心竞争力。

戴尔集团的成功说明了新颖独特、全面有力的商业模式是可以带动整个集团发展壮大的。在摘要部分，创业者只需要运用简短的语言来描述公司的商业模式即可，主要体现在挣钱的方式、合作伙伴是谁、目前处于价值链和产业链的什么位置、利润或预期有多少等。这些在摘要中点出即可，更具体的分析，创业者可以放在计划书后面的章节。

2.2.3 行业及产品市场分析

行业及产品市场情况是投资者比较关心的问题，如果创业者的企业在行业中无法立足或者处于相对劣势的地位，并且企业的项目产品没有广阔的市场，那么企业的收益来源也就比较狭窄，投资者是不会考虑一个不能为他带来丰厚收益的项目的。

所以商业计划书摘要中行业及产品市场部分，要展示出创业者的企业所具有的行业优势，或者产品的市场现状和前景。也就是企业所在行业的形势是怎样的，创业者的企业处于什么样的位置；企业的产品面对什么样的消费者，消费者数量如何，未来的市场是不是还会有发展等重点问题。

用这些问题向投资者展示一个广阔的行业与产品市场，用这个广阔的行业与市场来吸引投资者的眼球。下面以某网站公司的商业计划书摘要为案例来展示产品的市场分析。

本企业的网站是为所有使用网络或者是即将使用网络的客户服务的。企业的网站将实际生活中的活动虚拟化，这是网站最大的特点。例如，网站中的用户可以实现一起去做运动、外出旅游等。

现实中的人们会有各种各样的日常活动，其中的大部分都会选择结伴出行，因为有些活动一个人进行会有诸多不便。本公司的网站就根据这方面的需求，吸引那些没有活动伙伴的人使用企业的网站。在企业的网站中，他们可以实现网络与现实生活紧密的沟通。

随着网络的普及和快速发展，本公司面对的市场也更加广阔，越来越多的人已经离不开网络，由此可见，本公司网站的用户在未来会一直保持不断增长的状态。本公司紧跟时代潮流，致力于为用户提供最佳的网络体验，因此可以吸引更多的网络使用者，相信未来会有更多的用户使用本公司的网站。

该网站公司的商业计划书摘要对市场情况进行了比较详细的描述，他们介绍了网站如何吸引消费者，并对未来的市场情况做了预测，相信未来的用户量会不断增加。这些都是可以成功吸引投资者的要素，在撰写商业计划书摘要的市场情况部分时，可以借鉴该网站的案例。

投资者选择投资项目时肯定会关注相应的行业情况，而创业者选择创业项目时也会优先选择市场前景良好的行业。行业描述应当包括行业规模与发展前景、企业的发展潜力和预期等。下面是手艺饰品公司撰写商业计划书时对项目行业的分析。

饰品成为年轻人节日送礼的一大热门，深受广大女性的喜爱。饰品行业的发展势头十分迅猛，但是随着饰品店的增多，饰品店间的竞争必将日趋激烈。

个体经营、分布零散的小打小闹因无法在竞争中求得生存，最终都会走上加盟连锁、统筹分布的道路。并且各种饰品店都存在着设计款式雷同的缺陷，远远无法满足当代年轻人追求个性化的需求。虽然现在各种饰品连锁店经营者进入的形式各有不同，但不管其背景如何，要想在饰品行业中树起一面大旗，找到立足之地，找对特色项目永远是最关键的一步。

本饰品企业所拥有的设计团队由一些民间的手工制作者以及热衷于设计的创意爱好者组成。不仅仅是设计独一无二、纯手工制作，而且我们公司将针对各种节日设计具有代表性的作品，会员顾客还可以到店里与设计人员交流，为自己设计专属的饰品。

在个性化需求越来越明显的趋势下，该手艺饰品公司对于行业现状与前景的分析很到位，企业纯手工制作的特色定位确实符合市场需求。唯一不足的是，缺少市场调查的具体数据。如果加上真实的市场调查数据，说服力会更强，投资者很容易就能判断市场前景是否真正乐观。

准确的行业及产品市场分析，可以帮助决策者做出正确的决策，同时有助于企业往更高层次发展。企业进入一个行业或者市场，就要对这个行业与市场进行系统分析，给投资者一个已经做好了全方位准备的感觉。而且创业者选择的目标市场也要保证其空间足够大，发展前景良好。

2.2.4 产品规划

产品规划是指企业通过对客户的需求、市场的状态以及竞争对手情况的了解，制定出既符合企业自身情况又能满足消费者需求，并且紧跟市场趋势，促进企业发展的战略目标和运营方式。项目能够引起投资者的关注，很大一部分原因也在于创业者对产品合理的规划与展示。

创业者在撰写商业计划书摘要中产品规划方面的内容时，可以考虑以下几方面的因素。

1. 数据的搜集与分析

对与产品规划有关的各类数据进行搜集与分析，是规划工作中最基本也是最重要的一点。但是在信息发展迅速的当今社会，数据获取的渠道太过广泛，虚假信息太多，需要规划人员擦亮眼睛，选择正确的方式对获取的信息加以分析。

2. 各方面的沟通合作

产品规划人员的任务不仅仅是早期的规划，还要在产品生命周期的整个过程中积极主动地和产品开发人员、管理层、项目负责人等保持良好的沟通，时刻关注产品的进程，以便随时应对运营过程中发生的问题。

3. 产品的发展目标

产品规划人员的任务基本是指对产品的当前目标和远景目标做一个基础规划，并通过各种方式验证这个规划是否合理有效，而且要让公司内外部相关人员对这个规划熟悉和理解。

4. 未来发展前景

目标包括现阶段目标，远阶段发展目标和长期发展目标。长期发展目标很可能涉及多年以后的一些情况，产品规划人员需要在这方面予以重视，并负责到底。

创业者可以结合以上四点要素进行计划书摘要的撰写，但需要注意的是，投资者不会花费大量时间去了解一个他们不懂的产品。因此，在产品规划部分创业者需要准确地表述其理念，让投资者理解产品的基本结构，并运用准确的数据展现项目产品所处的市场地位，让投资者觉得可信。在摘要部分还需要明确产品当前阶段、未来预期及长远规划，并且能使各部门协作配合，不断改进，实现规划蓝图。

下面来看这样一个案例，某品牌在商业计划书摘要部分对企业净水产品进行了分析，并制定了新的产品规划。

随着人们生活水平的不断提高，居民健康意识逐渐加强，净水器整体市场呈现不断增长的趋势。但是企业的净水器产品所占市场份额比例还是很小，其当前情况与问题，如图2-1所示。

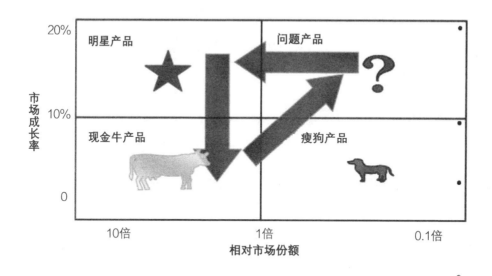

图 2-1　某品牌净水器产品的波士顿矩阵状态

企业的明星产品由经营成功的问题产品转化而来，而问题产品则处于开始阶段，前期需要投入大量资金。现金牛产品为公司带来收益，支持其他产品运作。瘦狗类产品销售增长率低，且会占用公司资源。目前企业净水器产品中处于明星产品与现金牛产品的较少，使企业产品缺乏增长率和抗击市场风险的能力，问题产品和瘦狗产品较多，造成资源浪费，收益降低，未来市场发展不明朗。

根据以上问题，企业经过严密的市场数据分析和公司内部各部门负责人的配合研究，最终确定应该对产品运用"主副品牌模式"，也就是所有产品都用一个品牌名称，但是每个系列又都具有自身特点。这样用一个品牌集中做推广，能够提升企业的整体影响力。

创业者在计划书摘要中将产品规划分为三个部分。

首先，确定产品应该通过各种差异化的市场细分，形成自己独特的利益点，从而使内部产品线可以有效组合，资源可以合理配置。具体来说，净水器产品将由一个品牌名称分为两个系列：RO机和净水机，RO机主要用来净化家庭饮用水，而净水机又可分为净化厨房用水和其他用水。

其次，每个系列又根据自身销售情况产生几类价格不一的单品，以便满足各层次消费者的需要。

最后，企业将运用高新技术为净水器配置了"超能芯"，它可以针对不同区域的水质、不同家庭的用水情况，做到全面解决各种问题。

新的产品规划确实为企业产品提供了新的机会，品牌影响力也不断扩大，产品得到更多人的认可，销售业绩大幅度增长。

由上述案例可以看到，创业者在设计新的产品规划时，不但介绍了现有产品及问题，还对行业的现状以及如何改进自身产品来提升销量，以便适应市场竞争进行了很好的说明。这些都是投资者希望在摘要中看到的，创业者可以参考这种方式撰写摘要。

2.2.5 竞争对手分析

竞争对手分析是竞争实战分析的一种，是指对于同行业竞争对手的当前市场现状和未来发展动向的分析。其目的是通过对竞争对手的信息收集，获知竞争对手的策略，以便在适当的时机应对竞争对手带来的威胁，保障企业的自身利益。

不管是在摘要中还是在正文中，竞争对手分析都是投资者非常关心的部分，因为这是他们判断为什么会投资创业者的公司而不是其他同行业公司的依据。在这部分要介绍的是创业者的公司相比于其他公司中"人无我有，人有我优"的地方。

如果一个企业没有竞争优势，那么在市场上就会缺少竞争力，收益也会比其他公司低得多，在这样的情况下，投资者是不会投资的。竞争对手的分析主要包括四个方面。

1. 识别竞争对手

竞争除了包括眼前的竞争，还有未来的竞争，所以能快速识别各层面竞争对手，尤其是潜在对手，对于公司长远发展大有益处。

2. 搜集竞争对手情报

发掘各种渠道，搜集各层面竞争对手的情报，建立稳定数据库，这样不但可以全面了解竞争对手的情况，还可以在任何时期都能为企业应对竞争对手改变策略而做出回应反击提供便利条件。

3. 了解竞争对手优劣势

分析竞争对手的优劣势，做到"知己知彼，百战不殆"。了解对手的优劣势，企业既可以有针对性地制定战略方针，实现营销目标，又可以"取其精华去其糟粕"，防止自己的企业出现类似问题。

4. 分析竞争对手战略意图

企业之间的战略模式越相似，他们之间的竞争就越激烈。竞争者可以分为不同的战略群体，不同群体之间也存在着竞争。分清对手的战略群体，明确对手的战略意图是竞争对手分析的重要一步。

创业者在设计商业计划书摘要的竞争对手分析部分可以参考以上四点要素。不过，这里需要注意的是，在摘要中，创业者不需要让投资者信服企业在面对各方面的竞争对手时都有先行优势，只需要用正面积极的话语描述企业的目标和竞争优势，投资者最看重的不是别的企业做不到什么，而是创业者的企业相对于其他企业能做到什么。

舒肤佳在商业计划书摘要中对于竞争对手的分析如下。

通过对手识别，主要锁定在联合利华公司的"力士"和"多芬"、美国强生公司的"强生"、宝洁公司的"玉兰油"、上海家化公司的"六神"几个品牌。

经过搜集几个品牌近几年的数据进行相关分析发现，各品牌的功效存在明显不同，市场定位也很明显，差异主要存在于宣传力度方面。而且各大品牌在市场中并没有呈现一枝独秀的状态。

舒肤佳占据竞争市场的份额不小，无论是品牌价值还是消费群体的认可度都呈现良好状态。相对于专注于女性的"玉兰油"，舒肤佳更加注重于"大众健康护肤"。而今后，舒肤佳应该在现有基础上进一步提高商品的价值和吸引力，针对不同人群生产不同的产品，开拓更广泛的市场。

结合上述案例可见，对竞争对手的分析可以更加明确自身企业的市场定位，有助于制定新的产品规划、市场规划、营销计划，为企业提供更广阔的平台，促进企业的良好发展。创业者在撰写摘要时，也可以参考上述案例的方式进行设计。

2.2.6 团队介绍

团队是由基层与管理层共同组建的一个组织，他们有共同的目标，每一位成员都要发挥他们的智慧与能力，解决企业项目运营中出现的各类问题。团队在很大程度上会影响公司的经营、发展，进而影响公司的收益情况。在投资界有这样一句话"宁可投资一等人，二等项目；也不投资二等人，一等项目"，由此可了解投资者对公司团队的关心程度，所以团队介绍非常有必要在摘要中展示。下面来看看构成团队的要素有哪些。

1. 目标

团队应该有一个明确的目标，为团队成员指引前进的方向，没有目标的团队毫无存在的价值。为了实现企业的最终目标，团队可以将大目标分成各种小目标，然后派发到每位成员，大家一起努力完成目标。目标同时应该有效地向大众宣传，以此激励公司内外部人员。

2. 人员

人员是团队构成的重要组成部分，目标也是通过具体人员去实现的。不同的人，通过完成不同的工作来实现共同目标，所以在选择人员时要考虑他的经验和能力。

3. 计划

目标是根据计划一步步完成的,所以计划是目标的具体行动方案。按照计划实施,可以保障团队顺利完成进度,计划中也应设置一系列监督、管理机制来保障在任何时候发生计划以外的事情都能迅速、有效地应对。

4. 权限

领导人的权限大小与公司发展程度有关,公司发展越成熟,需要领导人做决策的事项越少。团队中的权限包括人事决定权、财务决定权、团队数量、组织规模等。

5. 定位

团队在企业里处于什么位置,它的资源配置标准是什么,由谁来负责团队,并安排成员在团队中扮演什么角色。

创业者需要结合上面五种要素来编写摘要的团队介绍部分。但需要注意的是,对于团队介绍内容的展示要有取舍,重点体现在团队优势方面,团队成员的经验与能力要和企业项目产品的运营与发展相匹配。

某科技公司在商业计划书摘要的团队介绍部分,具体介绍了以下几个方面,团队成员介绍范例如表2-1所示。

表2-1 团队成员介绍范例

创意总监	广告策划专家及资深广告培训专家。曾任职于国内著名4A公司,在品牌推广,品牌策划,广告策略方面颇有建树
项目总监	有多年项目管理经验,擅长市场推广、整合资源,在中小企业、快销品行业等领域成功案例众多,具有广泛的社会人脉,与主流媒体保持多年良好的合作关系
设计总监	有多年知名广告设计公司工作经验,擅长VIS设计、标识设计、平面设计等,对品牌形象创建、品牌包装设计有独特的见解,作品受顾客广泛赞誉

(1)团队简介:重点说明组成团队的缘由,团队自身价值,团队成员缺一不可。

（2）团队成员包括：总经理、创意总监、资深文案策划师、项目总监、设计总监、执行总监等。

（3）对于团队成员的介绍体现在：背景、人脉、经验、能力、擅长的事务等。

（4）团队的理念：主要涵盖四个方面，尊重每位员工的独立人格、营造良好的集体氛围、竞争机制和互相监督。

由上述案例可见，团队介绍首先体现在团队总体的计划和理念方面，投资者需要知道创业者为项目配备了怎样优秀的团队，拥有怎样的高品质的团队理念与团队计划。这个理念与计划应该能得到投资者的认同。

其次，对于成员的介绍也应该明确重点，将成员最有价值的优势和特点展现在投资者眼前，让投资者认为团队中的核心人员都是有能力的，可以应对项目运作中各方面的事宜和突发事件，对团队更加有信心，对自己的投资更加放心。

2.2.7 财务规划及预测

无论是摘要还是正文，财务分析方面的内容都是需要花费很大精力去撰写的，投资者会通过这些内容来看企业的经营状况或者未来经营的损益情况，从而判断投资的预期收益和风险。

但是摘要中，财务情况不必那么烦琐，因为公司早期的盈利状况在投资者心中并没有那么重要，他们更加关心的是增长。摘要展示的财务情况分为两个部分，分别是财务规划和财务预期。

1. 财务规划

公司的财务规划是企业筹资计划、财务管理、投资计划的总称。它需要满足公司需求，使财务健康、安全、自主、自由，并且实现顺畅的现金流，提升创造财富的能力，实现公司价值的最大化。

财务规划也是财务分析的重要组成部分，它主要向投资者展示未来双方如何合作。投资时所涉及的具体问题包含以下5个方面。

（1）项目需要投资的数额是多少，企业现有债务问题如何。

（2）创业者企业的筹资资本结构是怎样的。

（3）投资抵押和担保条件，包括抵押的物品，提供担保的个人或者机构。

（4）投资者投资后，公司所有权的比例安排，投资者参与经营管理的程度。

（5）投资资金的收入与支出的具体安排，是否进行再度投资。

2.财务预期

财务预期是根据历史财务活动的情况，参考当前的条件和要求，对未来的财务成果作出科学的测算。财务预期的目的是对企业筹资和投资的经济方案将产生的价值进行测算。这也为将来的财务决策提供具体依据。财务预期的作用是合理安排公司的收入与支出，提高公司的管理水平，为经营决策提供依据。下面通过一个案例来分析。这是某个公司计划书摘要的财务预期情况介绍，该公司将财务预期分成了两部分。

1.投资预算

本公司投资的主要用途是生产和市场推广，当然也有一部分是用于公司的日常运营。但是绝大部分还是用于市场推广。根据产品和市场的实际情况，公司需要500万元的投资资金。资金可以一次性入账，也可以分批入账，如果是分批入账的话，前期的资金主要用来生产产品，后期资金用来推广市场。

2.财务预算

公司在获得投资之后，产品的规模会扩大，再加上市场推广的开展，公司产品的销售量会大大增加，可以为公司带来更多的利润，公司的财务状况也会大大改善，进而为投资者带来更大的收益。

在摘要中，创业者可以用这样的方式向投资者展现财务预期的内容，同时企业在后面的具体介绍中可以用一些表格来展现历史财务状况和对未来财务活动状况的预测，这些内容主要由三个表格来展现：资产负债表、现金流量表和损益表。

这些表格所展现的财务情况必须与企业历史情况、具体发展趋势一致，同时不能与商业计划书的其他部分的讨论结果有冲突。另外，在财务预测方面还需要体现能使利润不断增加的因素，让投资者看到预期的投资回报，规避投资风险。

如果是初次创业的公司则可省去历史部分，着重展现未来预测部分。未来的财务预测不可离谱，否则会失去投资者的信任。

在进行财务预测时要注意，要有合理的依据和科学的方法，最好将预测的方法展示出来，这样更能赢得投资者的信任。许多创业者在项目构建和技术研发方面十分专业，但在财务预测方面却不擅长，这些可以请教专业人士，他们会根据公司的具体情况给予规范、专业、合理的指导意见，帮助创业者通过商业计划书取得投资者的认可。

无论是整份商业计划书还是商业计划书摘要，财务分析都非常重要，投资者会在对项目感兴趣之后着重查看这部分内容。但是摘要部分毕竟篇幅有限，我们还是要以精简的方式展现如前面案例那样的重要数据，告诉投资者融资的价值是什么。

2.2.8 融资需求及出让股份

融资需求是创业者根据企业的资金情况、经营情况、未来发展情况等采用科学的预测和有效的方法向投资者筹集资金。

融资需求是摘要中最重要的部分之一，也是投资者最关心的问题。虽然这只是创业者的预期，并不能代表投资者最后就会投资，但是这个数据是根据公司之前的财务状况以及当前市场情况综合研究分析后得出的比较科学的结论，可以成为投资者衡量投资利益的标杆。

如果在商业计划书的摘要中就向投资者展示出一个较好的融资需求及出让股份，这对他们是绝对有吸引力的，他们对主体内容的介绍也会更加认真地对待。所以，在公司的预期收益非常不错、投资回报预期非常可观的情况下，千万不要吝啬，大方地将融资需求展示在摘要中。

融资需求涉及融资方式、资本结构、融资抵押与担保三个方面的内容。

1. 融资方式

（1）普通股是公司股份中最基本的存在形式，享有普通权利，承担普通义务，其所筹资金是永久存在的，其收益不是购买时决定的，而是根据公司业绩，经营业绩越好收益越高，经营业绩越差收益越低，其风险较大。

（2）优先股是相对于普通股而言，它在盈余分配和剩余财产分配上优先于普通股，且不必担心到期还本或者股东控制权分散。但是无论是优先盈余分配还是优先剩余财产分配，都是在企业偿还完债务的基础上进行的，且优先股股东的发言权和表决权被剥夺了。

（3）可转换债是指在一定条件下，可以被转换的公司股票的债券，也被称为公司债券。可转换债的持有人可以选择在约定时间内把原本的还本付息变成公司股票。所以可转换债在一定意义上被称为"保证本金的股票"。

（4）附认股权证债是指公司债券附有认股权，持有人依法享有在一定期间内按约定价格认购公司股票的权利，也就是债券加上认股权的产品组合。

创业者可以在摘要中选择以上几种融资方式中的一种向投资者建议，但是要对发售的金融产品进行讲解，对发售的原因和情况包括细节作具体说明，这样可以减少投资者的疑问，增加融资成功的概率。

2. 资本结构

资本结构是指企业内部各种价值构成的比例关系，是企业筹集资金之后分配的最终结果。资本结构可以分为短期资本和长期资本，两种资本里面又都包含债务资本和股权资本。最有价值的资本结构可以使资本成本最小化、股票价值最大化。

在资本结构方面，创业者有必要对投资者说明具体情况，告诉投资者加入后得到的是什么、企业融资前后的真实状态等。为了更好地展现资本结构，下面将列举一些公式，相信会对这方面有帮助。

股东权益比率 =（股东权益总额÷资产总额）×100%

资产负债率 =（负债总额÷资产总额）×100%

长期负债比率=（长期负债÷资产总额）×100%

股东权益与固定资产比率=（股东权益总额÷固定资产总额）×100%

股东权益比率可以反映一个企业财务结构的稳定性。资产负债率可以体现一个企业的经营拓展能力，但是负债过多，偿还能力也会下降。长期负债比率展现一个企业负债的具体状态。股东权益与固定资产比率反映一个企业购买所需固定资产的情况。

3. 融资抵押与担保

如果是普通股和优先股，则不存在抵押和担保问题；若是债务融资，则需要对抵押担保作出具体说明，其中包括债务的类型、抵押条款和要求、投资的担保情况。

在摘要部分，我们可以先用具体数据来说明企业的历史资本情况，消除投资者的顾虑；然后根据投资者的需求与实际情况提供适合他的融资方式，并对金融工具和资本结构等一一作出明确的讲解，不要让投资者留有疑问；最后根据提供的融资方式对债务作出合理解释，使投资者对企业与项目的赚钱能力有信心。

按理说，一个不能赚钱的企业是不会被投资者看好的，可是有一些企业的财务报表是在亏损状态，但是由于涉及的领域符合国情和人们生活需求，处于不断发展壮大的状态，所以未来前景良好，这样能看到曙光的企业一样会得到投资者的青睐。

在融资需求确认后，还要向投资者说明出让股份的情况。所谓出让股份就是向投资者卖出公司的股份数。对于出让股份，创业者一定要慎之又慎，因为出让股份份额少的话，不足以吸引投资者，但如果出让的份额多，对创业者后期把控公司很不利，甚至会失去公司的控制权。

2.2.9 退出机制

投资退出机制，是指当一个企业已经发展成熟或者由于某些原因无法更好地经营下去时，投资者会将所投入的资金撤出，也就是放弃股权，收回等价资金。

这样可以实现资金的再度增值或者降低资本损失、规避投资风险的目的。

对投资者来说，它的回报不仅限于得到的利润，还体现在资金能否不断高速地循环流动，在这种循环流动中实现资本增值，而投资者只有看到明确的资金流动出口，确保资本在投资阶段增值、在清算阶段保值，才会积极主动地参与投资。可见退出机制是很重要的。

在商业计划书的正文，这部分内容经常被放在最后，在摘要中也是一样，是在最后介绍。退出机制包括退出机制的方式、条件以及风险，在摘要中只要将最重要的退出机制展示出来就可以。退出机制主要包括三个方面。

1. 股份上市

上市公司有权以向大众发行股票的方式，实现已投资金的回收，促进资本增值。而首次公开上市（IPO）是国际投资者首选的退出方式。在我国，外商也可以通过股份上市的方式退出在华的投资。

股份上市的退出机制分很多种，主要有境外控股公司上市、申请境外上市和申请国内上市，其中，申请国内上市还分为B股上市和A股上市。

2. 股权转让

股权转让是指公司股东将手中股份全部或者部分转让给他人，股东全部转让则不再是公司股东会成员，若是部分转让，则失去转让部分应有的权益，权益则由新的持有人享有。《中华人民共和国外商投资法》中有明确说明，境外投资者也可以向所投企业的其他股东或者第三方出售股份，达到退出投资的目的。

由于股权交易的主体不同，在退出机制中股权转让包括离岸股权交易和国内股权交易两种情况。

3. 其他方式

除了以上两种常用的退出机制，还有一些在特定条件下会使用的其他退出机制，包括管理层收购、股权回购、公司清算等。

（1）管理层收购。管理层收购是指通过利用负债融资来吸引管理层收购股份。这对于公司来说，可以降低代理成本，降低机会风险；对于管理层来说，则增强了控制权、共享权和索偿权,实现了公司重组的目的。由于收购主体是管理层,所以收购重点便不仅是利润收益,也体现在控制权方面收购的对象可以是整体企业,也可以是下设某个分公司或者某个部门。

(2)股权回购。股权回购是指公司回购已经发行流通在外面的公司股份,以此来改变资本结构的办法,这种退出方式主要存在于一些企业经营状况不太好的时候,采用这种方式来为已投资资金提供保障。

(3)公司清算。公司清算是指当企业因为某种原因,需要通过解散公司和依法清算公司债权债务的情况来达到退出投资的一种退出方式。虽然投资者在决定投资时肯定不希望最后出现公司破产解散的结果,但若真的出现实质性原因导致破产解散或其他情况,公司清算不失为一种好的退出方式。

在众多退出方式中,股份上市是广大公司最为满意的,它能为公司带来大量资金促进发展,具有积极意义。

总之,商业计划书的摘要主要是给投资者看的,而每一位投资者都希望自己所投资金绝对安全,并且能在最短的时间内凭借多种方法保障获得预期的利润。

所以,在商业计划书的摘要中,不仅需要明确列举出退出机制,还需要注明投资后获得利润的时间与方法,甚至投资者能获得利润的比例。让投资者看到资本的高速运转循环和资金流动出口,让他们放心大胆地投资。

第 3 章

怎么介绍
企业及产品

在一份商业计划书中,企业和产品的介绍是必不可少的一部分。对项目来说,企业就像是它的出身,这个企业的地位越高,资源人脉越丰富,它的发展前景就越好。而产品是项目的表现形式,决定一个项目成功的因素有很多,其中很大一部分体现在产品上。产品能解决现实生活中的问题越多,使用越便捷,产品就越好,相对来说盈利越高,说明项目运作得越好。

本章内容从企业介绍和项目产品介绍两个方面进行深入研究,告诉读者在一份成功的商业计划书中,企业介绍与产品介绍方面都要涉及哪些内容,应该怎样省去烦琐的部分直入主题,怎样让这部分内容为整份商业计划书增添色彩。

3.1 企业基本情况简介

在商业计划书中,正文的第一部分就是企业介绍。它是整份商业计划书的奠基石,相当于一个项目或者产品的出身背景。拥有良好的出身背景,项目的运作才能事半功倍,这也是赢得投资者青睐的条件之一。

企业介绍这部分时需要涵盖多方面内容,创业者主要从四个方面来着笔：企业组织架构、企业管理层构成、企业控股结构和企业内部控制管理。这四个方面的介绍可以为投资者展现企业的专业性、规范性。而且从宏观角度看，这部分内容可以体现一个公司的发展是否成熟，在竞争市场上所处的地位；从微观角度看，可以判断一个公司的制度是否严谨，企业自身有哪些优势。

3.1.1 企业的组织架构

组织架构是一个企业对部门的分类设置、职能的划分以及实现工作流程顺利进行的基本保障。组织架构是对于决策权和各部门分工协作的系统划分，它根据企业的目标把企业自身所拥有的各方面人才合理地配置到各个重点位置，规范确定各部门活动的时间、条件、范围等，保障各部门之间的稳定性。

没有组织架构的企业，相当于没有根基的楼房，只要强风一吹就有坍塌的可能性。创业者在商业计划书中设计组织架构时，只提供一个组织架构是不行的，还要保障它的合理性。不合理的组织架构，一方面会使部门设置臃肿，各部门之间的职权划分不清楚，工作中对于事务的责任相互掣肘推诿；另一方面会导致公司内部信息传递不畅通，甚至出现错误信息，导致错误的决策判断，造成公司内部资源的严重消耗。

而一个合理高效的组织架构能在很大程度上释放一个企业原本该有的积极能量。它明确每个部门的作用和价值，各部门之间相互配合，更好更快地完成企业在每个阶段的目标，为企业的决策和发展保驾护航，得到高质量的回报。这是投资者所青睐和认可的。

下面为创业者介绍组织架构的类型，以及这些类型适合怎样的企业，以便创业者合理地选择适合自身企业的组织架构。

1. 扁平型架构

扁平型企业架构适合学习型团队，它可以充分发挥每位员工的创造能力，而在管理、权利、等级等方面的界限则十分模糊，员工之间或者部门之间的自由空间相对较大，能促进企业的内部沟通，建立人性化的、可持续发展的团队组织。

但是这种架构对于人员的主观能动性要求很高。在此架构里，企业各部门人员需要拥有一种认识环境、适应环境，并根据具体环境转变的能力。扁平型架构示例如图3-1所示。

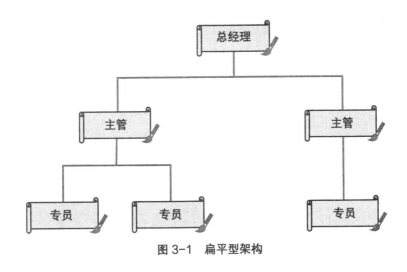

图 3-1 扁平型架构

扁平型企业架构优点在于拉近了员工与领导之间的关系，能让领导更了解基层，员工拥有更大职权可以促进企业内部疑难问题的解决。同时公司内部信息传递快、质量高，促进了决策的准确性和时效性。但是相对应的也有一定的缺点，如权力分散不易受控制，主管人员管理幅度过大，涉及面广，无法对某一项事务进行深入管理。这种架构对主管人员的素质以及综合能力要求过高，匹配度相对较低。

2. 智慧型架构

智慧型企业架构也被称为C管理模式，是一种将西方企业管理概念与国内具体国情相结合的企业架构。2008年的全球性金融危机致使欧美企业大量破产倒闭，甚至有一些全球知名企业也在一夜之间轰然倒塌。这场金融风暴引发了经济学家对于资本主义自由市场经济的质疑。中国特色社会主义市场经济也因此得到了经济学家的重视，这就是C管理模式的独特价值。下面用一张图来展现智慧型企业架构，如图3-2所示。

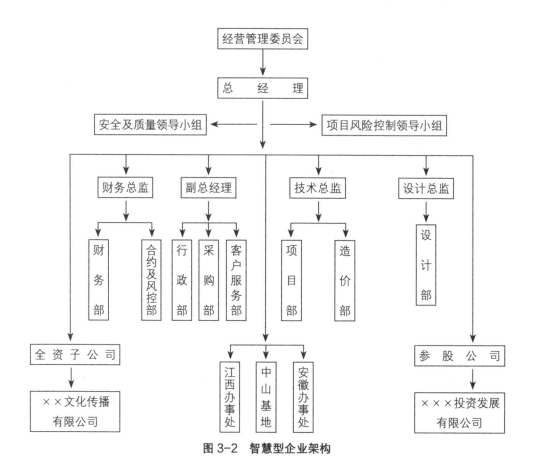

图 3-2　智慧型企业架构

由图3-2可见，智慧型企业架构职能分工明确，各部门员工可以在自己部门范围内做好上传下达的责任事务。其优点是职责分工明确、办事效率高、专业性强，人员和制度的管理更加深入，降低了管理层的管理强度，可以减轻其负担。缺点是不利于横向联系，无法处理所负责范围以外的事务，管理不灵活，而统一领导决策也会受到多方面因素的制约。

3. 金字塔型架构

金字塔型企业架构包含多种类型，主要有直线制、职能制、直线-职能制、事业部制、模拟分权制、矩阵制等，在此不一一赘述。下面用一个案例来展现创业者在撰写商业计划书时，对企业组织架构的选择。

海伟电商的金字塔型组织架构，如图3-3所示。

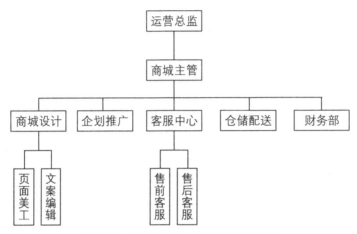

图3-3 海伟电商的金字塔型组织架构

每个部门分别管理不同的工作项目，运营总监负责整体的决策、管理与运营；商城主管负责协调各部门之间的工作、设计商城的整体风格、执行运营方案；商城设计、企划推广、客服中心、仓储配送、财务部，各部门完成各自的本职工作，并且与其他部门相互配合，促进企业共同发展。

上述案例是海伟电商的金字塔型组织架构，由于企业的类型、规模、涉及的领域都不同，所以并没有一种完美的企业架构供所有企业完全复制。但是万变不离其宗，创业者在撰写商业计划书时应该根据企业的规模和优势、特点选择适合的组织架构，这样对于企业的发展、资源的合理配置都有促进作用。

最后，给予创业者一些关键性提示。企业架构的设计需要考虑四个方面的要素，包括职能的发挥、管理层次的需要、管理部门的划分及职责与权利。而影响企业架构设计的因素有企业的规模、企业的发展战略、所处的市场环境、人脉条件、企业的技术优势、业务的独特性、信息化建设。希望以上的关键点能对创业者在组织架构方面的设计有所帮助。

3.1.2 企业管理层构成

企业的管理层是指公司内部处于管理地位的人员，其对于企业负有管理责任。这种管理一般涉及资金、物品、人员、业务、成本、销售等多方面。管理层职务一般设有董事长、总经理、各部门总监、经理、主管等。根据企业类型的不同，名称会有变化。

创业者在撰写商业计划书时，要向投资者展示企业的管理层架构的价值是什么，它是如何有利于企业的管理决策、加快管理决策的速度和保障管理决策的正确性的。要知道，管理层是企业经营中自然产生的，它的层次是根据企业规模变化的。企业规模较小，可能只有一层管理层；企业规模变大，大量的管理工作超出了第一层管理人员的负荷，则衍生出第二层管理层，以此类推。管理层数的增加，一方面能实现分工管理，这样更能体现不同管理层次和管理者的专业性；另一方面又增加了企业的成本和资源的消耗，分权也造成主要负责人对于企业整体控制权力的流失。

一般来说，管理层划分为三个层次：基层管理、中层管理、高层管理。为了让创业者更容易理解，下面通过表格来展现，如表3-1所示。

表 3-1 企业管理层划分

	战略规划	战术计划	运行管理
项目层次	高层	中层	基层
主要问题	是否创新	怎样创新	怎样干好
时间幅度	3~5年	0.5~2年	周或月
视野	宽广	中等	狭窄

续表

	战略规划	战术计划	运行管理
信息来源	外部为主，内部为辅	内部为主，外部为辅	企业内部
信息特征	高度综合	信息汇总	详尽
冒险程度	高	中	低

基层管理，主要负责管理企业内部的具体生产和操作事宜，所掌握的信息资料比较详尽，一切按照原订计划有条不紊地进行，最终获得预期收益，冒险度低。这类管理人员在企业内部视野比较窄，思考事情也就是近几周或者一个月的事。

中层管理，负责对基层管理事务的监督审核，当有特殊情况发生时提供修改建议，在获得预期收益的同时，最好还能获得其他收益。这类管理人员对高层的创新决策有更加深入的研究，给予基层管理具体指导。他们的信息来源是以企业内部为主，外部为辅，得到的企业内部信息也基本就是重要信息的汇总，视野属于中等，考虑的问题维持在0.5～2年，具有一定的冒险精神。

高层管理，监控基层和中层管理者对于事务的完成情况，他们的信息来源一般是以外部为主，企业内部为辅，拥有的信息具有高度综合性。这类管理人员拥有企业的决策权、人事任免权、协调外部活动权等权力，一般是企业的主要负责人。他们决定了企业是否开创新的局面，视野比较宽广，基本考虑企业未来3～5年的发展，敢于冒险，认为风险越高收益也会越多。

为了能够更好地实现企业的目标，企业设立了管理层。管理层的价值体现在他们为企业注入了活力，促使企业各种资源变成了产品。管理层是企业内部独特的存在，他们为企业的运行助力，为企业的事务决策和发展添砖加瓦。

另外，管理层有管理企业价值和创造企业价值两方面职能。

（1）管理层拥有管理企业价值的职能。企业是以盈利为目的的，所以管理层要通过管理企业价值为企业带来经济效益，让企业的预期计划变成经济价值成果，经济成果就是对于管理层和管理者付出的精力和管理能力的最好证明。

（2）管理层拥有创造企业价值的职能。管理层需要利用企业现有的人力、物力方面的资源，创造出比原来企业所拥有的更有价值的东西，以此增加企业的利润，拓展企业的领域，促进企业的可持续发展，向大众展现管理层的价值和企业的价值。

创业者需要注意的是，管理层次的设计是需要符合每个公司所涉及的行业和企业自身发展规模的，它的产生是响应企业需要的结果。

一家企业，经理坐在办公室里办公，下属过来请示，说仓库漏水了，是另一家企业的仓库空调漏水渗到这边的。这件事涉及其他企业，需要负责人出面解决，可能需要经理去和那边打个招呼。

经理本来想答应，可是考虑到自己手中还有其他任务，而漏水的事说大不大、说小不小，以往解决过不少类似事宜，无形中增加了自己的负担。于是，他便将这个任务交给下属，赋予他解决事情的权力，吩咐其解决好了汇报结果，解决不好再来请示。

半小时后，下属来汇报，事情圆满解决。后来，经内部商讨研究，任命这个下属为主管，以后类似大小的事务都由他来解决管理，减轻经理负担的同时，免除了不少麻烦。

由此可见，商业计划书中企业管理层的设计是根据企业内部事务的需要而来的，其又运作于企业自身。创业者需要注意，企业管理层的设计受四方面因素影响：管理幅度的有效性、企业效率的高效性、纵向职能的长度以及不同部门的特点。相信掌握了这些重点，结合企业自身情况，创业者一定能设计出符合企业优势的管理层架构，让投资者感到满意。

3.1.3 企业控股结构

在计划书的企业介绍部分，控股结构也是投资者比较在意的一个关键点。股权结构存在于股份公司，它是指在股份公司的总股份中，不同股东所持有的各类股份的比例和关系。股东可根据手中所持有的股票比例来享有相应的权利，同时也要承担相应的责任。

科技提高了人力资本与知识资本的价值地位，使他们与资本所有者共同拥有享受经济果实的权利。而传统的所有权和控制权也受到了相应的挑战，雇佣关系也会从"资本雇佣劳动"走向"劳动雇佣资本"的状态。选择好的股权结构，对企业未来的发展具有深远意义。

投资者比较关注自己投资之后所占的股份是多少，同时拥有的权利是怎样的。这就需要创业者在商业计划书中为投资者具体说明控股结构。

股权结构因其含义不同，类型也不同。一般来讲，股权结构拥有两层含义：一方面是指股权的集中度；另一方面又指股权的构成。创业者在撰写商业计划书时，可以从以下三种类型中进行选择。

（1）股权高度集中。股权高度集中是指股权集中在一个人手中，这种情况是在第一大股东拥有公司50%及以上的股份，对公司的决策与控制有绝对主导权的时候出现的。

（2）股权高度分散。股权分散是相对于股权集中而言的，是指股东人数众多，但每位股东所持有的股票数量较少，一般是每位股东所拥有的股份在10%以下，企业的所有权和经营权处于基本分离的状态。

（3）多位大股东。这种类型是指企业不但拥有第一大股东，其他股东也是大股东，他们手中掌握的股份都在10%～50%。

创业者在考虑以上三种类型时需要知道，股权的集中有利于企业应对突发事件，提高了决策的速度与力度。但却无法兼听其他各方意见，造成了独断专行的局面。而股权分散有利于权利各方的制衡，对待很多问题都可以采取民主投票的方式，但降低了公司的决策效率，提高了基层管理的控制权力，使股东对基层管理的监督力度下降。下面这个案例或许可以展示出股权结构方面的一些问题。

一位企业家由于经营不善导致企业破产清算，但是在这之前，他已经将自己的资产转移出去，成立了一家新的公司，分给自己前妻42%的股份，前任秘书占股11%，一位年轻的企业家购买了剩余47%的股份。

这家新公司本来很好地经营着，结果有一天，一份"无条件赠送"文件出现在了几位股东的面前。破产的企业家曾赠送前任秘书11%的股份，并要求她在自己前妻需要的时候无条件转赠。

年轻企业家知道这个消息之后大发雷霆，他说购买这家企业的股份就是为了成为第一大股东，拥有更多的控制权，享有更多的利润收益，而如今不知该如何是好。破产企业家的前妻知道赠送的结果并不会很好，便劝住了前夫，希望还是维持原有的股权结构，继续经营下去。

过了两年，这家企业排除万难发展壮大，但是鉴于日益严重的竞争趋势，企业决定注入新的血液。年轻的企业家在其他公司挖来了自己的好友，让他担任公司重要职务，同时也需要分给他相应的股份。最后经协商决定了新的股权分配：年轻企业家占股40%，企业家前妻占股33%，新人好友占股17%，前秘书占股10%。

对于案例发生的具体原因我们不做过多探究，只对股权的分配和变化予以分析。年轻企业家想拥有这个公司的控制权，所以购买了47%的股份。如果秘书将自己的股份无条件赠予企业家前妻，她将拥有53%的股份，占据绝对主导权。这不符合年轻企业家的主观意愿，而且股权更加集中，从当时的情况来看，会对企业的发展不利。而后期为了给公司注入新的人力资本和知识资本进行的股权变更，在一定意义上促进了企业的可持续发展。相信这个案例能给各位创业者在设计股权结构部分时提供一些参考。

3.1.4 企业内部控制管理

企业内部控制管理是一种监管方式，主要是对企业中的人员、财务、工作内容等方面进行监管。它是为了保证企业的经营管理在合法的情况下，正常有序地进行下去。但创业者在计划书的企业介绍中最容易忽视这方面的内容。

对企业自身而言，内控监管保证了企业的各项资产真实有效、准确及时。对企业员工而言，保证了企业员工工作内容与工作流程的效用与效率。可见，内部控制管理是有价值的，创业者需要在商业计划书的企业介绍方面进行说明。

下面来看看影响企业内控监管的要素有哪些。

1. 内部环境

内部环境决定了一个企业实施内控监管的程度与方式，它是内控监管的基础。内部环境一般包括企业文化、人力资本、审计政策、部门设置、权责分配等。

2. 风险评估

风险评估是指在实际经营管理中，企业对于影响控制目标的风险因素予以准确识别和系统分析，最终确定合理有效的应对策略。

3. 控制活动

控制活动是指企业依据风险监测得到的结果，制定应对策略，采取相应的控制措施，最终目的是将风险控制在可承受的范围内，缩短计划与实践之间的差距，尽可能好地完成目标。

4. 信息与沟通

信息与沟通是为了保障企业内部与外部的消息足够畅通，并且能有效地进行交流。企业需要拥有能及时、准确地搜集信息，并且传递一切与公司内部控制监管相关的信息的能力。

5. 内部监督

内部监督是对企业内部控制计划与企业实际控制情况相对照的一种检查，也是对计划效用的一种点评。若在监督中发现不切合实际或者有缺陷漏洞，需要及时加以改正，确保企业内部控制监管的价值地位。

创业者在制定企业内控监管制度时，除了要考虑上面五个要素，还需要按照下面三个步骤进行实践，分别是预测、控制和监督。

（1）预测：企业管理层通过搜集资本、人力、资源、经营活动等多方面的数据，并加以分析，计算出在未来发展中将会出现的相关问题，并制定有效的解决方案，予以应对。

（2）控制：以企业的预测和分析的结果为方向，运用合理的方式方法，对风险问题进行提前控制,控制对象包括资本、人力、资源、经营活动等。企业需要做到经营管理的公开透明、财务管理的真实严谨、工作流程的高效便捷。

(3)监督:内部监督为内部控制提供了保障。内部监督包括管理层之间的监督、员工之间的监督、管理层与员工之间的监督、财务监督、工作流程监督。其中,财务监督又包括企业对于财务报表、资金流等方面的监督。

本小节提出的五点要素和三个步骤,在一定意义上有助于创业者制订合理的企业内部控制监管计划。但还有其他的影响因素,那就是企业自身的规模和具备的商业优势。一份不适合企业的内控监管计划会降低企业的效率,产生内部麻烦,最终影响业绩和收益。

有一家财务公司,我们来看看它的计划书中设计的内控监管模式与实际业务执行的匹配程度。

商业计划书中显示,他们管理层设有总经理、部长、经理、主管等职位。市场推广部专员应部门领导要求,按照前期确定的流程执行,将"借款申请""用章申请"等提交上去。但是这个申请需要依次经部门主管、部门经理、财务主管、部长审批,最后到达总经理处。

由于总经理掌管整个公司的事务,还要兼顾整个公司所有审批的最后一关,异常忙碌。这项计划的审批历经一周也没有结束,类似的情况屡有发生,这降低了部门的办事效率,很多计划事务停滞不前。某位专员曾说:"不知道自己是应该提高工作效率,对得起自己的工资,还是应该就跟着公司工作审批流程走,不紧不慢地工作度日。"

后来,由于行政部比较忙碌,便抽调市场推广部的人员前去帮忙。刚开始的时候,本着一切为了公司好的原则,做事还算顺利。直至有一次,在采购物品的资金方面发生了一些纠纷,市场推广部人员受到财务部领导的责问。其中一位专员说:"本来不是我们部门的责任,部门领导也是本着义务帮忙的原则委派我们前去工作,但我们毕竟不是行政部内部人员,很多内部规则不甚了解,也没有人告诉我们,现在财务部的责问却落到我们的头上,让我们感觉自己里外不是人。"

以上这个案例体现出，这家财务公司的商业计划书中内控监管内容的设计与实际业务执行并不相符。

创业者需要注意，计划书中的公司内部控制监管模式，要做到权责分明。各部门的责任、权利、义务界限不清楚，会造成企业内部不必要的麻烦，浪费人力、物力、财力。而公司的实际工作流程无论是为了规避风险，还是对控制保证的监督，都不能以影响公司正常工作流程和降低工作效率为代价，因为这也会影响业务的拓展，降低业绩与收益。

3.2 产品介绍

一个成功的企业就要有属于自己的产品，这样才能拓展属于自己的市场，获得更好的收益。而投资者在进行产品评估时，最关心的问题就是企业的产品与技术服务是否能够解决人们生活中的痛点，其解决程度有多大。或者是产品能为客户节约多少成本和增加多少收入，因此，产品介绍是商业计划书中不可或缺的一部分。

在撰写产品介绍部分时，创业者需要注意，在计划书中需要涉及所有产品和技术服务的细节，甚至还要包括前期的调研数据、发现的问题、提出的解决办法以及办法的可行性。

具体来说，产品介绍中应包括三部分，分别是产品定位、产品运营模式和产品竞争优势。

3.2.1 产品定位

在商业计划书中展现创业者对产品的定位，可以让投资者对创业者的项目有更宏观的认识。为了使产品定位达到必要的客观性与完整性，创业者需要做相应的调查和分析。为了更好地展现产品在行业中的优势，也为了提高投资者对产品的理解和认识，创业者有必要清楚地展现企业的产品与同行之间的共同点和不同点,以及在整体行业中的位置。

项目产品定位包括很多方面的内容,下面用一个案例为创业者做具体讲解。

星巴克是一家连锁咖啡公司,旗下经营的咖啡店遍布全球,其商业计划书中的产品定位是由以下几个方面组成的。

1. 产品的品牌定位

"星巴克"这个名字来自麦尔维尔的小说《白鲸》中一位处事冷静、具有人格魅力的人物,他酷爱喝咖啡。读过这本书的人并不多,大多数是受过高等教育,有文化、有品位的人。

2. 项目产品的市场定位

项目产品主要针对消费水平较高的白领一族,为他们提供小资情调的环境、高品质的现煮咖啡和咖啡冲泡器材。因此,选址多在精英人士工作的大厦或者购物中心一类的场地。

3. 项目产品的体验定位

体验定位包括环境方面的音乐、店内装饰风格,产品方面的咖啡味道、口感、样式等带给消费者的感官体验,服务带给消费者的切身感受,咖啡店铺的选址是否符合消费者的路程需求,以及产品价格的确定、优惠策略与力度是否符合消费者心理。

由上述案例可见,星巴克在计划书中的产品定位是非常全面的,明确了产品定位也就明确了项目策划的核心。在产品定位的基础上制定产品的运营模式,产品的竞争优势也就得以显现。

那么如何进行市场定位?下面介绍几种常见的方法。

1. 满足三特性

三特性分别是本企业具有的优势所能做到的、同行业竞争者无法效仿的、整体市场强烈需求的。通过这三个特性,创业者很快便能找准合理的产品定位。相对来说,这种方式更适合于中小型企业。对大型企业来说,产品定位需要更加注重整体市场的需求,而不是仅从细分市场的层面来看了。

2. 考虑四要素

四要素分别是人类文化、地域情况、心理需求和行为方式。其中，最明显的就是心理需求，而且它是变化的。客户的心理变化可能是"需要某产品、看中某产品、买得起某产品、相信某产品"，抓住客户心理需求的变化，会让创业者更加准确地制订目标市场客户群体定位计划，并期待在此基础上能为客户量身定制所需的产品和营销策略。

3. 三面交叉定位法

这种方法并不常用，因此不好理解。为了使创业者能更好地弄懂这种方法，下面举例来分析讲解。

一家公司想涉足房地产项目，他们通过竞拍拍下了一块地。这个时候，这家公司需要考虑三方面的因素：用地价值、市场环境、竞争形势。

（1）用地价值。用地价值包括这块用地的地理特征是什么，周围的基础设施和商业关系是怎样的，以及与所在的这片区域甚至整个城市是一种什么样的关系。

（2）市场环境。市场环境包括这座城市的房地产行业发展状态、人口结构特征、市民对房产的需求与变化。

（3）竞争形势。竞争形势包括同行业企业的发展状态、竞争对手在竞争中所采取的新技术或者变革手段。

根据以上三方面因素相交叉得出的最优解，就是创业者需要的定位结论。

4. 假设论证定位法

假设论证定位法一般是从结论出发，假设结论是正确的，进行反向推导。这种方式基本用于难以排除的一些情况的定位。

首先，需要创业者确定几种定位，接着对每种定位进行具体分析和求证，然后在几种求证结果中选取前三名进行再度求证。再次求证需要针对成本、时效、难易程度来设计操作程序，最后将得出的定位结果与同时期、同类别的项目进行对比，由此可以判断出该定位的预期效果。

这种定位方法比较注重创业者自身对于行业的经验与能力，运用此方法可以省去很多烦琐的步骤，可以直奔主题，快速地锁定目标，找出结果，但是这种方式不太适合大型项目。

在商业计划书的产品介绍部分，创业者需要用简略的文字尽可能全面准确地描述每一方面。对于产品自身情况与市场情况，创业者自然是熟记于心，但投资者未必清楚。因此创业者在商业计划书中的描述需要准确易懂，这样即使投资者不是专业人士也能迅速明白。

产品介绍虽然是对自身产品的一种推销、一种夸赞，但涉及的每一份承诺都是需要兑现的，开空头支票是不可取的，会失去投资者的信任，企业形象和信誉度也会大打折扣。毕竟创业者和投资者将会是一种长期合作的关系，是利益共同体，一荣俱荣、一损俱损。

总之，利用商业计划书把投资者拉进自己的产品中，让他像自己一样对产品感兴趣，那么投资者给产品投资的概率将大大提升。

3.2.2 产品运营模式

在商业计划书中，创业者撰写产品定位后，要继续介绍产品运营模式。有了良好的产品，找到了准确的目标客户群，下一步就是讲怎样将产品销售给目标客户群体。投资者对于创业者的运营模式也是很感兴趣的。

产品运营模式包括三个层次的问题，分别是产品的生产销售、客户的使用维护和营销活动策划。

1. 产品的生产销售

产品运营模式建立在企业拥有基础性产品，而且对产品有优、良、中、差标准的基础上。合理地分出产品各等级标准，审核后，将好的、值得提倡的产品进行推荐，增加其曝光率和销售数量。

2. 客户的使用维护

由于产品的类别不同，所以每种产品的维护手段也存在着差异。首先，创业者对于正在销售的产品要进行客户维护，主要是指建立完善的客户管理机制，为正在使用产品的客户提供人性化的服务，解决他们使用阶段遇见的麻烦或者难题。其次，对于新投入生产的产品，要在不同领域寻找具有影响力和价值的试用客户，让他们在试用过产品后给出评价，他们的评价对于产品的调整方向具有客观意义。

3. 营销活动策划

营销活动基本有三个层次：

（1）根据客户需求来进行的活动；

（2）通过激发客户之间的互动来进行的活动；

（3）运用产品特色、活动创意来吸引大众参与，以此来增强品牌宣传度的活动。

然而，无论哪种方式，都是需要策划、设计、实施的。创业者既要了解产品又要了解用户需求，将产品特色与客户需求结合起来，营造氛围好且有价值的营销活动，促进产品的生产销售，产生多方面价值。

创业者在撰写商业计划书的产品运营模式时，需要参考以上三个层次的内容。尽量有层次地展示，让投资者层层深入地了解项目产品的运营模式，这样投资者更容易接受，融资效果更好。

在商业计划书中介绍产品运营模式时，创业者要站在投资者的角度去思考问题，问题主要包括三个方面。

（1）创业者的产品运营模式是什么？

（2）具体是怎么运营的？

（3）取得了什么样的结果？（可以提供具体运营数据）

根据上面三个方面的问题，创业者可以在介绍中涉及针对一些问题的具体解说。

例如，企业销售产品的方式是什么、哪类客户会使用以及为什么会使用这类产品、企业产品的市场竞争力怎么样及需要怎样去再度开采挖掘、企业为了自身产品的专利方面采取了何种保护措施等。下面举个例子来说明,应该怎样设计项目产品的运营模式。

随着生活水平的不断提高,人们越来越热衷于旅游,而旅游也从原来的欣赏文化古迹变为体验各类民俗文化,于是,民宿行业应运而生。一位创业者毕业之后,用了几年时间尝试了几份不同类型却又息息相关的民宿类工作,后来他决定创业,选择的就是民宿行业。

首先,他要了解民宿的开发条件。民宿开发需要考虑到资源优势,资源包括自然资源和人文资源两种。自然资源毋庸置疑,选址要在环境优美的地方。而人文资源主要体现在物质、精神文明方面。民宿以家为单位,所以需要展现每一家不同的人文素养和情怀,传播真善美的正能量。总之,民宿的核心价值就是美好的旅游、舒适的住宿、幸福的体验。

其次,民宿选址要在便利的交通线路上,周围要有热闹的商业街和旅游景点等设施,因为游客不会一直待在民宿里面,他们是需要出游的。为了方便游客的到来与外出,民宿的选址一定要慎重。

最后是参考条件,民宿可以响应国家号召,选择在旅游旺季时开门营业,这样可以缓解旅游住宿压力,店家也可以得到不错的利润。

经过对上面三个部分的了解,创业者对现有民宿的开发模式又进行了考察,搜集的相关信息如表3-2所示。

表3-2 民宿开发模式

开发模式	开发方式	资金来源	各利益主体的职责			
			业主	协会	政府	开发商
自发型	业主运用房屋自行开发	业主	开发经营	—	管理协调	—
协会型	成立协会鼓励加入共同开发	业主与协会	开发经营	组织开发、管理、推广	引导规范	—

续表

开发模式	开发方式	资金来源	各利益主体的职责			
			业主	协会	政府	开发商
政府主导型	政府统一引导，合理开发	业主与政府	开发经营	—	编制规范市场监管利益协调	—
开发商主导型	开发商租赁，统一开发	开发商	参与服务	—	管理规范协调	开发经营、管理、推广

由表3-2可见，民宿的开发模式有四种，分别是自发型、协会型、政府主导型、开发商主导型。四种模式各有优势和劣势，其优劣势主要体现在：投入资金的数量、政策的优惠力度、创业者的管理权力、品牌的建立等。

创业者根据上述信息的调查研究，并结合自身情况撰写商业计划书。计划书中明确指出，选择"协会型"开发模式，投入部分资金，与参与合作的业主进行良好的沟通，寻求双方都满意的方式进行开发经营。

商业计划书中民宿的运营模式和开发模式略有不同，需要考虑资源、价值观、层次、利润等多方面因素。最终确定运营模式：各民宿经营共同点是，不同的单个民宿根据业主不同的风格为游客提供相应的住宿和餐饮服务；不同点是，根据每个民宿业主的特长与爱好提供特别的休闲体验活动，如茶道室、家庭练歌房、健身房、读书空间、DIY手工制作室。在此基础上，还可以提供配套服务，包括某几个景点的一日游、本地特色产品的销售等。

创业者根据前期的调查数据和自身条件，制定出合理的民宿运营模式，并且注重与业主的沟通合作，不但加大对民宿品牌的推广力度，还注意对民宿运营的规范管理。然后根据客户需求与意见不断改进，最终建立了极具规模的民宿企业，未来发展前景良好。

通过这个案例可以知道，一个产品的成功需要良好的运营模式，而它是在产品定位的基础上建立起来的。产品定位是通过辨别、分析多方面数据而确定的，这是一种循序渐进的关系。

创业者在撰写商业计划书时要注意，产品运营模式的设计首先不能脱离当前行业的整体情况，其次需要参考创业者的自身优势，不可以"空口许诺"，最后要选择发展前景良好的运营模式。相信满足上述几点，创业者计划书中的产品运营模式的设计便不会让投资者失望。

3.2.3 产品竞争优势

介绍完产品定位和运营模式之后，下一步就是向投资者展示企业的产品拥有什么样的竞争优势。竞争优势一般在竞争对手分析方面体现。那创业者需要如何在计划书中介绍这部分呢？主要从四个方面进行介绍。

1. 市场占有率

市场占有率是衡量产品市场情况的一个重要指标，而产品市场情况又是投资者判断产品是否具有市场竞争力的重要参考，所以在计划书中这部分是要说明的。

2. 渠道

渠道在产品竞争中也是非常重要的环节，产品的销售渠道多，销售量就会相应增加。要想把握市场竞争的主动权，就要积极拓宽产品的销售渠道，如美的、格力等大公司的销售渠道都是多元化的。在商业计划书中介绍渠道方面的内容时，如果创业者的产品在这方面有优势，则需要重点展示。

3. 推广

推广在很大程度上会影响产品的销量。随着科技的发展，推广的方式也日新月异，各个公司为了提高自己的竞争优势，采用各种各样的推广方式，让更多的消费者购买公司的产品。产品的推广方式需要在产品竞争分析中进行详细介绍，这类内容投资者很感兴趣。

4. 价格

在产品竞争中，价格是最重要的法宝。同类的商品中，创业者的产品如果价格低廉，那么竞争力会大大提升，而且现在不少公司都把低价战略纳入自身的战略体系中，如小米手机就是依靠亲民的价格获得消费者的喜爱，提升了自己产品的竞争力。

创业者在商业计划书的产品竞争优势部分，应该从以上四个方面进行竞争优势的分析。因为首因效应的影响，还应该将优势最大的部分放在第一个介绍，展示的优势越多，说明产品的竞争力越大，就越能获得投资者的青睐。

海底捞是一家全国连锁餐厅，主要经营高档火锅。它始终坚持"一次性和无公害"的原则，严格把关食材和配料的新鲜程度，并提供优质的服务体验。经过市场和顾客的检验，最终成为信誉度高、企业形象良好的火锅品牌。

海底捞在商业计划书中指出，其竞争对手包括两类：一类是销售用于火锅食材和调料的小商店，另一类是提供便利的火锅体验的中小型火锅餐厅。

1. 销售火锅产品的商店类竞争对手

消费者选择自行购买用具、食材和调料，在家里或者其他地点进行火锅制作。采用这种方式，消费者的舒适度比较高，但是在购买、制作、后期清理方面是比较麻烦的。

针对这样的竞争状态，海底捞选择提供更加良好的服务，向消费者提供所有可能需要的小件产品，如头绳、眼镜布、卫生巾等，解决消费者在用餐过程中所有的不便和突发性问题，满足消费者舒适度的需求，给消费者家庭般的体验。这是海底捞相对于销售产品的商店类对手的竞争优势。

2. 中小型火锅餐厅

中小型火锅餐厅的价格相对便宜，而且在一定程度上为消费者提供了便利的饮食条件。但是实际上，由于企业自身资本或者渠道方面的因素，中小型餐厅提供的环境、食材、调料、用具，在新鲜程度和卫生方面并不达标，会造成消费者体验不好的情况。

针对此类对手，海底捞的竞争优势体现在：企业自身拥有雄厚的资本与强大的渠道和管理能力，保障其使用的食材、调料、用具都是有质量保障的，也经得起有关部门和消费者的检验。

现如今，海底捞凭借资本、管理、渠道、理念等方面的优势，不但企业规模不断壮大，市场占有率也不断增长，而且客户回头率高，对企业的评价良好。另外，海底捞员工的忠诚度高，人才流动非常小。

以上内容就是海底捞在产品方面的竞争优势。海底捞正是拥有这些竞争优势，才造就了现如今强大的企业品牌。

创业者在撰写商业计划书时，可以依据本节提供的四点要素对竞争的优势进行分析，就像海底捞的成功案例一样，要在众多企业中凸显自己的优势，也就是不同于其他企业，且比其他企业更加优秀的地方。

3.3 产品介绍最常见的4个坑

产品介绍作为商业计划书主体的第一部分内容，确实是一个特别的存在。它虽然是必不可少的部分，影响力却稍逊色于后面的重点。可是这部分的制作，创业者切不可掉以轻心。因为投资者可以从这里面看出整份商业计划书的风格，只有在开始部分就思路明确、层层紧扣，才能抓住投资者的心，促使他们看完全部内容。

所以，创业者需要注意，在制作商业计划书的产品介绍部分时，不要为了能展现产品内容而陷入"苛求细节、只讲想法和点子、产品信息过于夸张、追求大而全"这几大误区，这会让投资者在阅读中失去兴趣，对创业者来说也得不偿失。

下面具体介绍几点需要规避的事项，希望能为创业者开阔思路，指引方向。

3.3.1 苛求细节

产品介绍不要过分苛求细节。创业者可能觉得自己的产品非常优秀，为了能让投资者充分理解产品，像自己一样喜欢产品，所以方方面面都讲述得很清楚。

可是从实际来看，投资者对企业产品自身的情况并不想也不需要了解太多，他们更加在意的是产品能为客户带来什么好处，能解决客户什么问题，实现什么职能。而且对于投资者来说，最重要的是赚钱、是利润，他们需要通过获得客户的认同来完成这一目标。

因此，在产品介绍方面，关于产品的具体使用流程、方式、有什么功能等，并不需要一一讲清。创业者可以更多地展现使用过产品的客户有什么评价和建议，企业根据客户的想法会采取哪些新举措，或者在推广方面的一些独特设计。如果有视觉效果的设计是最好的，因为视觉的冲击效果更能深入人心。

一位创业者在向投资者介绍项目产品时，不但讲解有理有据、环环紧扣，而且在内容方面加入了演示图和视频。几张重要的图片和视频展现在投资者眼前，确实比创业者的语言有用得多。

图片展示部分运用图文结合的方式，能让投资者阅读起来十分舒服，不会单调。视频完整地模拟了客户的使用场景，投资者阅读商业计划书时能更加直观地了解商品性能、使用方法，以及使用感受。

上述案例就是一份成功的商业计划书的产品介绍，创业者运用清晰、简洁、通俗易懂的语句，准确界定自己产品的发展范围，突出产品的核心竞争力。创业者还在商业计划书的产品介绍部分引用了数据，这部分数据来源于对产品使用客户的市场调查。

虽然产品的普及尚处于开始阶段，客户访问数据较少，但是很多时候这少量的数据会加深投资者的印象，这比创业者生动的描述更加吸引投资者。

这位创业者的介绍不但思路明确，而且展示方法独特新颖，几分钟之内就吸引了投资者。投资者阅读完整篇产品介绍后对产品很感兴趣，更加愿意继续研读其他部分的内容。

值得注意的是，有的创业者不想过早为产品确定范围，他们认为自己的商品具有可塑性，将来有很多种发展可能。所以描述起来非常委婉，语言模糊不清，方向定位也不准确，这种做法是错误的。投资者并不关心产品的演变程度，他们比较关心产品的成长潜力，也就是产品未来的发展前景是怎样的，能为自己带来多少收益。

赢得投资者的好感是创业者的目标，创业者只有明确目标，寻找好的方法吸引投资者的注意，才能为产品带来机会。

3.3.2 只讲想法和点子

在设计商业计划书的产品介绍时，不要总是讲想法和点子，将一个个创意简单地搬上去。创意这个东西很多人都能想到，而投资者看中的是这个创意是否可行，创业者是否可以很好地将创意发挥出它的价值。

每个企业的发展情况不同，所以对于创意的具体实行方式和实行程度也不同，只有将创意和企业相结合，找到好的实行方式推动产品的运行，才是明智之举。

某大学老师一直关注留学培训的信息，他认为网上的各类信息太过复杂，相互不能取得信任，应该有一个专门的平台将这些有价值的培训老师与需要培训的学生对接，达成双赢的有利局面。

他和一个做软件的朋友探讨了这件事，两个人一拍即合，决定着手建立这样一个平台。不过，前期他们面临着一个重要问题——资金。缺少运营资金，什么项目都做不了，所以他们需要找投资，找投资的前提是要有一份有价值的商业计划书，为投资者介绍自己的项目。

现在两个人是空有好的创意，却没有项目的具体实施方案，这样是不行的。于是，两人分工合作，大学老师负责寻找有价值的培训老师、财务人员和行政人员。软件工程师负责建立线上平台、制定营销策略。

他们经过市场调查和翻阅资料取得了一些数据，后经研究分析，最终得出有价值的信息。在这个过程中，他们做到了以下几点。

（1）根据市场情况规范价格。

（2）对应聘老师进行考核，保障出国留学培训老师的质量。

（3）制作的软件程序具有搜索匹配功能，能让学生根据需要选择适合自己的老师。所谓适合，包括路程、发展方向、个人接受方式等。

（4）对培训老师的身份背景予以认证，保障学生的安全。

（5）对于账号系统、交易系统、沟通系统、出国留学培训的列表页面和个人页面的制作、宣传等进行了研发。

两人将做好的计划书的产品介绍图片和研发架构视频展示给了一位对此感兴趣的投资者，投资者看后觉得方案可行，最后给他们投资500万元，表示支持产品运营。两人辛苦奋战半年的项目正式上线。

由上述案例可以看出，空有创意是没有任何意义的，需要创业者开动脑筋，结合市场和企业自身优势，制定合理的实施方案，并在商业计划书中良好地展现出来，确保项目的可行性，使投资者对项目是否可以运营有一个初步判断。

3.3.3 产品信息过于夸张

产品介绍最重要的一点就是真实，这可以体现出创业者的诚信。创业者面对的是投资者，也是未来的合作伙伴。因此，在撰写产品介绍时，切忌空口许诺，这会给投资者留下非常不好的印象，专业的投资者会很快发现问题。

这些问题体现在，介绍产品的时候会夸大说出"我们是全国最好最大的……""……的排名是第一"这样的话，这种"最好""最大"的等级和"第一"的排名是没有经过有关部门核实的，谁也不知道真实情况，可以算是虚假信息，如果造成一定的影响还会被追究法律责任。

或者某企业的项目产品并不具备某项功能，但为了吸引投资者而在产品介绍中增加此项功能，或夸大自己产品的性能等级。创业者运用各种方法想留住投资者是可以理解的，但是产品信息过于夸张，就会让企业变得不真实，没有投资者愿意投资一个虚假的公司。

即使创业者掩饰得很好，没有让投资者在前期发觉异样，但是随着时间的流逝，真相一定会浮出水面，计划书与实际项目产品不符，投资者最终会放弃投资，甚至追究创业者的责任，这会使企业形象和信誉度直线下降。

某财务公司不断发展壮大，从原本的仅有实体店经营发展到开始进行线上推广，不仅在相关网站上进行宣传推广，还专门创建了自己的网站。每当人们上网搜索"财务公司"时，总会在前几名中发现这家财务公司，这为公司带来不少机会和盈利。

可能是因为公司经营时间比较久，规模也在不断扩大，效益越来越好，所以负责人比较自信，在宣传推广时比较注重企业在行业中的领先地位，因此在商业计划书的企业介绍部分以及广告推广部分提及了"某市最大、最好的财务公司""拥有顶级的财务团队""极简的财务流程""社保审核包过"等语言。这种肯定的宣传介绍语在一定时期给公司带来了很多机会。

后来赶上有关部门严厉查处此类宣传用语，这家公司正好被推到了风口浪尖。此公司在这方面涉嫌违规违法，经有关部门核实无误，判处罚款和吊销营业执照。并以此公司为戒，警告其他公司切勿涉及违反《中华人民共和国广告法》，或者伪造产品信息。

虽然这家公司还可以变更营业执照经营下去，罚掉的资金也可以再挣回来，但是这件事弄得公司人心浮动，影响了企业的信誉度，造成部分不稳定客户的流失。

这个案例告诉我们，计划书的产品介绍的内容切不可夸大其词、不切实际，只有用严谨的工作态度、谦逊有礼的推广方式、确有真材实料的项目才能留住客户，赢得投资者的信赖。

3.3.4 追求大而全

创业者在撰写产品介绍部分时，很普遍的一个误区就是过分追求广泛、全面。本书对这种方式并不是强烈的批判，但是认为没有必要。创业者在产品介绍部分想抓住所有的内容或者功能，这是不现实的。倒不如着重考虑重点展现某一关键内容，这样创业者能集中精力展现自身产品的优势，投资者也能清楚地知道产品的核心价值是什么。

微信这款软件的商业计划书的产品介绍是这样的：它是腾讯公司生产的一款智能手机终端通信加社交的产品，它可以跨越各种平台，利用网络以免费的方式发送给任何好友，发送的内容包括文字、语音、图片、视频等。

在早期计划书的产品介绍中，腾讯对于微信产品的介绍主要强调即时通话，并可以通过手机号码和用户名等方式添加好友，亦可运用"摇一摇"和"漂流瓶"实现与同区陌生人聊天的功能。这样既可以和好友保持联系，又可以拓展交际圈，认识新的朋友。并且交流的方式不限于电话或者短信，方便了人们生活、工作、娱乐等方面的需要。

在中期计划书的产品介绍中，微信增加了在线支付的功能，随之增加了很多软件，如"滴滴打车""美团外卖"等。微信致力于打造"智慧型"的全新生活方式，所以在微信的支付里不断添加新功能，如"生活缴费"涉及煤气水电费、火车票机票的订购、演出赛事票务的预订。这些新功能既解决了人们的需要，也丰富了人们的生活。

在后期计划书的产品介绍中，微信又增加"看一看"和"搜一搜"两个功能，让使用者在忙碌的同时不要忘记接收外部各类消息，开阔自己的视野，提升自己的能力。

微信的发展历程中，遇到过几次风险危机，如"曾被造谣会对用户进行收费"，微信对此发过郑重声明，绝不会对用户收费；"曾经发生全面故障，很多功能出现问题"，通过技术人员极力抢修，很快就恢复了正常。

分析微信案例可见，它的成功体现在每个时期主打功能介绍都是不同的，它可能能实现很多功能，但是在产品介绍方面突出每个时期的重点。后期对于出现的问题也没有回避，而是选择主动解决，使微信不断完善。现在，微信已经成为人们普遍使用的社交工具，并且赢得大众的好评。

通过上述案例，希望创业者能够明白，大而全的介绍本身没有什么问题，但是在商业计划书的产品介绍里就不提倡了。投资者希望看到的是产品的关键点，只要突出自身产品的重要性能，这种性能能够吸引投资者的注意，这份商业计划书的产品介绍在一定程度上就已经成功了。

第4章

如何设计
商业模式

商业模式对于创业者和投资者来说是再熟悉不过的了,然而,很多创业者的计划书都是照搬通用的套路,毫无重点和新意可言,无法使投资者满意。一个成功的商业模式可以带动整个企业不断发展,投资者在商业计划书中也会着重查看这方面的内容。

但是随着科技的发展、社会的进步,商业模式增加了很多,五花八门的商业模式让创业者眼花缭乱。本章为创业者梳理商业模式的要素及营销策略方面的内容,让创业者找到商业模式的重点。

4.1 商业模式的9个要素

一份高质量的商业计划书需要有一个好的商业模式。那么,什么样的商业模式才是好的?一个好的商业模式肯定是为了更好地给客户创造出最大价值,创业者需要梳理企业所拥有的资源要素,创建一个有竞争力的运营体系。这个体系要保障企业的可持续发展,且不断获得盈利。

创业者在制作商业计划书的商业模式部分时需要注意,商业模式部分需要涵盖9个要素，方可展现其企业的优势，分别是：客户细分、价值主张、主要渠道、营销策略、盈利模式、核心资源、关键业务、关键伙伴、成本结构。下面我们将一一讲解，希望对创业者有所帮助。

4.1.1 客户细分：项目对应的目标客户

商业模式中的客户细分是指创业者在计划书中要明确产品对应的目标客户。只有找到精准的客户并将产品销售出去，才能达到预期的收益。细分客户需要参考的因素有很多。

1. 人口信息

创业者设计客户细分内容时，首先需要统计人口信息，人口信息包括性别、年龄、消费结构、婚姻及子女情况等。如男士基本上不会对化妆品和护肤品感兴趣；没有孩子的男女应该不会主动去逛婴儿用品店；老年人对新型科技产品没有太大需求；"富二代"大概不会去购买促销商品。

人口信息的调查会在很大程度上帮助创业者区分优质客户和潜在客户的数量，这样可以避免浪费精力和资源去开发那些根本不存在的客户。

2. 客户类型

客户类型的区分主要包括常驻客户群体、临时客户群体、偶然客户群体。如，北京有名的"六必居"是一家销售酱菜的老字号品牌，常驻客户群体自然是那些住在北京、天津比较喜欢吃酱菜的家庭。他们在地理位置上来说距离近、购买方便，每年的需求量也是很大的。在他们看来，不吃点酱菜，这顿饭会没味道，感觉像是缺点什么。

对于临时客户群体来说，吃饭喝粥时酱菜这种东西可有可无，如果路过就可以顺便买点，需求量不大。

偶然客户群体是指那些去北京旅游的人，他们可能知道这个牌子，也可能不知道，到了六必居也会因为想凑热闹买上一点尝尝，但是离开之后由于不方便购买，便会将这个品牌抛到脑后。

3. 客户意愿

客户意愿是指他们选择商品的类型、价位、支付方式等。如每个家庭都会需要的香皂，客户可能选择舒肤佳或者玉兰油，也可能会选择新上市的产品，还可能会选择打折的旧款商品，在支付时会选择现金、刷卡、支付宝、微信等支付方式。

对客户意愿的调查与分析可以帮助创业者更好地明确客户意愿类别与具体数量，区分不同类型的客户。

上述三点要素可以帮助创业者更好地进行客户细分，并将成果体现在商业计划书中，然后展现给投资者。下面我们来看一个案例，说明客户细分在商业模式中的价值。

贝宝（PayPal）是国际贸易支付的一种工具，支持即时支付与到账，为企业开拓海外业务和解决外贸收款提供了强有力的帮助。

贝宝的商业计划书中，对于新的服务功能——Venmo进行了介绍，Venmo支持小额支付，它的加入始于Venmo对于优步账单支付的支持。

通过对Venmo客户细分研究，贝宝发现优步的用户并不是他们唯一的目标客户。根据贝宝前期的数据搜集与研究分析，Venmo实现了帮助用户处理与亲朋好友间的小额资金问题，如出游账单、外出就餐、费用租金等。可见，Venmo拓宽了贝宝的支付范围，为贝宝服务于各层次类别的用户提供了便利条件。

由此可见，客户细分确实可以为企业锁定有价值的目标客户，提供有理论依据的创新拓展空间，助力于商业模式的制定与更新。

4.1.2 价值主张：项目向客户传递的价值

创业者在商业计划书的价值主张中，要根据客户的需求，判断什么是对客户最有意义的。价值主张是商业模式的核心因素，将客户需求和企业产品能够实现的功能价值建立了联系，也是客户购买产品或者服务的原因。良好的价值主张不但可以解决客户的问题，同时也可以为客户带来好的体验，增加额外有利因素。

滴滴出行APP，它的计划书中商业模式部分的价值主张是这样撰写的：

首先，能让空闲的车辆与正想坐车的人们相互对接，减少相互等待的时间。

其次，通过在线支付乘车费，乘客不用准备零钱支付或者司机找零。

最后，滴滴出行偶尔提供的优惠券，降低乘车费用的支付，为上班族提供福利。

乘客还可以在手机上看到车辆的具体位置，了解相互距离，决定出门时间。这款APP让乘客在高效的乘车办事的同时，享受到了良好的乘车体验，获得了少花钱的额外价值，因此滴滴出行的价值主张的制定是相当成功的。

看到上述的成功案例，创业者肯定要问制定价值主张的方法有哪些。下面我们来具体分析一下。

1. 罗列全部优点

制定价值主张时，创业者可以将自身产品的优点在计划书中罗列出来，而且越多越好，这样，总有一款是投资者看重的。这种方式对于创业者来说工作量相对小一些，因为并不需要对客户和竞争对手了解太多。

但是需要注意的是，创业者罗列出来的各种优点未必是投资者看重的，这是这种方法的缺陷。

2. 宣传有差异

宣传有差异是承认不同的客户对于产品的选择是不同的，所以创业者应该选择对自己有利的差异点撰写商业模式的价值主张。

首先创业者应该充分了解自己的商品，其次应该了解自己的商品与竞争对手的商品有何差异，最后突出自己产品的优势。利用这种方法时需要注意，创业者需要对客户的需求与偏好进行深入了解，不要错误地将重心放在了客户价值不高的差异点方面。

3. 突出共鸣点

突出共鸣的价值主张，在撰写时，需要创业者了解投资者，找到投资者最为看重且自身产品所具有的优势，在向投资者展示产品价值的同时，也要向投资者表达自己十分了解客户的需求，注重客户的感受。

创业者在撰写商业模式的价值主张时，需要根据企业产品的定位，结合产品的价值和企业的资源优势选择合适的方法，同时它也要符合市场发展趋势，以及同行业竞争状态。

4.1.3 主要渠道：触达客户的渠道

商业模式中的渠道是指创业者用何种方式接触到目标客户，并为这些客户提供所需要的产品或者服务。投资者很关心这方面的内容，因为这体现了企业的商业能力。

渠道的价值可以用于销售或者用来创建品牌，提高产品的知名度。创业者在商业计划书中进行渠道的设计时，可以考虑以下五个方面的内容。

1. 客户认知

客户认知是指怎样让目标客户和潜在客户知道创业者的产品，从而提高企业与产品的知名度。这方面可以利用纸质媒体以及微博、微信等平台推广有价值的广告，让人们自主分享相关内容。这对于企业信誉度和形象有促进作用。

2. 了解产品

在客户知道企业和产品之后，需要吸引客户深入地了解项目产品，使客户意识到产品的价值，对产品产生"应该亲身体验产品的性能"的意愿，从而得到满意的感受。

创业者可以通过企业网站和公众号举办活动，评选出有价值的目标客户，提供产品体验机会，要求反馈使用后的产品评价。这对于产品的改进和新产品的研发具有推动作用。

3. 购买产品

随着科技的发展，在实体店购买商品的客户越来越少，创业者根据产品的特性可以多多考虑线上推广。在这方面，创业者需要注意购物软件的研发或者加盟到其他平台，要提供便捷的支付方式，易于客户接受。

4. 交付产品

物流业的发展势头迅猛，便于给网上在线购买产品的客户配送。但考虑到某些特殊产品的复杂性，创业者需要提供专业的安装人员，保障客户能够顺利使用产品，还要注意提供票据的规范性，为产品的退换做好充足准备，而且这点不应该被忽略，可以提高企业的可信度。

5. 售后服务

产品并不是卖出去就结束了，产品的售后服务更能体现企业的专业性。创业者需要建立良好的售后服务模式为客户服务。现今，很多企业都会选择用智能机器人为客户回答一些普遍性的简单问题，对于复杂性问题再提供人工客服进行专业的解决。这样不但节省人力、物力、财力，还能迅速解决客户的问题，减少排队等待的时间。

售后服务不仅涉及使用问题的解决，保障少量产品的退换也是关键，切不可因为不是赢得利润的环节就不予退换或延缓退换速度，这会降低企业的信誉度。

以上五个方面的要素有效地促进了商品与客户的接触和互动，不但可以使企业扩大知名度，促进销量和利润不断增长，还可以提高企业的信誉度，建立良好的品牌形象。创业者在设计撰写商业模式的主要渠道部分时，可以参考以上五方面的内容进行，同时还需要注意保障整体流程在计划书中显得顺畅合理，不要缺少遗漏某些部分，造成整个渠道模式的不完整。

4.1.4 营销策略：运营项目的策略

商业模式的营销策略是指企业运营项目的策略，一般是指企业通过搜集信息获得顾客对于产品的需求以及购买能力的相关情况，然后以顾客的需求为基础，生产和销售相关产品，最终获得各项收益的战略计划。这部分内容在商业计划书的商业模式中很重要，优秀的营销策略能对整个项目的商业模式起推动作用。

创业者需要知道，销售和营销是不同的，销售是为了将东西卖出去，而营销是为了让东西更加好卖。营销也就是为了打响知名度，让顾客都知道企业和产品，在不需要产品的时候会记得，在需要产品的时候会想起购买；建立与客户之间的信任关系，提高企业形象与信誉度。

创业者制定营销战略主要考虑产品策略、价格策略、渠道策略和促销策略这四方面，这四方面被称为4P's营销策略组合，它的出现不但为顾客提供了满意的产品和服务，而且实现了企业从传统经营观念向新型经营观念的不断转变。

某口红品牌在计划书中的商业模式营销渠道是这样设计的。

1. 产品策略

产品策略需要考虑口红的设计、用料、颜色、款式、包装，以及需要赋予这款口红的特色，让其在消费者心中留下深刻的印象，促使消费者产生购买冲动。

2. 价格策略

价格策略需要考虑生产这款口红的成本、市场上的消费人群和需求量，以及竞争者是否在同一时期生产发布同类产品，企业会根据这些情况来考虑产品的定价。

3. 渠道策略

渠道策略是指产品在发布与销售过程中利用什么样的渠道，以及如何利用这些渠道最终到达目标客户手中。这种销售渠道有很多，企业可以选择直接销售，在专门的企业品牌柜台销售，或者间接的渠道，如分销、经销、代理等。随着互联网的普及，更多的客户喜欢在网上购物，所以企业可以选择开拓网络宣传推广的模式，在网上销售这款口红，也要完善产品的配送、退换等售后服务。

4. 促销策略

促销策略是指企业运用一定的促销手段来吸引客户购买产品，增加产品的销量，以此获得更多的利润。这种手段可以体现在客户购买口红时提供赠品、设置抽奖机会、为客户返现金券、提供免费体验的机会等。

这款口红品牌注重对产品的宣传，选择了具有销售权威的报纸、杂志、网络平台等，使企业的项目产品得到迅速曝光，扩大了产品的正面影响力度，提升了企业的品牌形象与信任度。

由上述案例可以看出，营销策略是由四方面的策略支撑完成的，缺一不可。

创业者在撰写商业计划书时，需要对商业模式的营销策略予以重视，从这四个方面因素由浅入深地向投资者展示自身营销策略的价值，提高投资者的投资意向。

4.1.5 盈利模式：定价＋主营业务成本＋利润率

商业模式的盈利模式是对企业的经营活动进行鉴别和管理，并在其中找到能获得利润的方法。盈利模式也是对企业的各方面资源进行分析整合，找到最适合企业的生产方式、销售方式，以此来实现价值的创造与获取，这在商业计划书中是非常重要的。

创业者在撰写计划书盈利模式时需要知道，盈利模式体现了一家企业是否是赚钱的。它的设计主要包括三个方面。

（1）定价。定价是企业为了实现目标利润而采取的一种方法，它一般是建立在主营业务成本的基础之上且涵盖利润。

（2）主营业务成本。主营业务成本是根据企业生产项目产品所需的原材料费用、劳务费用、营销费用、其他费用相加而成的。

（3）利润率。利润率是企业最终获得的毛利润与全部预付资本之间的比率。它反映了某一时期某企业的利润水平。

盈利模式要结合以上三个方面的要素进行撰写，这些也是投资者想要看到的内容，但是创业者切不可跑题、隐瞒实际情况或者顾左右而言他。

一个新的企业，它在形成和成长阶段的盈利模式都是自发的。但是随着企业的不断发展，市场竞争的日益激烈，它们会越来越重视盈利模式，很多企业都是通过分析调整，不断完善盈利模式。但是寻找到一个适合企业自身发展的盈利模式实属不易，下面就来看看有哪些不错的盈利模式可供创业者选择。

1. 直销式

直销式是省略了传统方式的中间经销商，由产品的制造商或采购商直接将产品销售给使用产品的客户。减少了产品的流通环节，也就降低了产品的主营业务成本，根据市场情况和产品剩余量定价，满足顾客的需求与利益。这种方式是一种高效的盈利模式。

如一家自营式的电商企业，将自己品牌制造的或者采购来的产品通过网络在线的方式直接销售给需要使用的客户，达到获取利润的目的。同时该电商企业还十分注重效率，因此在配送方式上也是多种多样，保障客户使用产品的及时性。

2. 平台式

平台式是指企业设立平台，让商户通过平台展现自己的商品，企业再从顾客支付给商户的费用中取得抽成，以此获得利润。对于商户来说，这种模式省去了商铺租用和水电等费用，降低了主营业务成本，提高了利润率。对于平台来说，舍去租用费用，只赚取抽成的盈利模式更能吸引商户的加入。

如淘宝网，它是亚太地区最大的网络零售网站，淘宝通过给商户提供在线网络销售平台的方式，从商户在顾客那里赚到的佣金进行抽成，由此获得了不小的利润。不仅如此，淘宝还有健全的销售维护系统，当销售的产品或者客户与商家的沟通出现问题的时候，淘宝平台对于事件的解决会提供非常有价值的服务。

3. 流量式

流量式是指企业为客户提供了有价值的信息，而广告商看中了企业的受关注度，因此通过付给企业广告费的方式在企业展示信息的区域设置广告，以此获得大众的关注度。

如微信公众号，微信是现代年轻人普遍使用的社交工具，它不仅能用于人们之间的沟通，还可以发布文章供大众阅读浏览。一些企业正是看中了微信的价值，开始租用广告位，以便让自己获得更多的关注。

以上三种方式是比较常用的盈利模式，但是未必适合创业者，创业者还是要找到自身企业的核心竞争力，并且保证其在可持续发展方面有支撑点，从盈利策略方面切入，达到预期运营效果。

投资者知道好的盈利模式是怎样的，但他更想看到商业计划书中商业模式的盈利模式是否符合创业者企业自身条件和发展需求。创业者的项目在当前阶段可以不赚钱，但是在未来的发展阶段必须要赚钱，还要赚大钱。

4.1.6 核心资源：项目有效运作的重要因素

核心资源是指能支持项目有效运作的重要因素，这种核心资源为企业创造核心价值，产生竞争优势，推动企业的管理升级，扩大企业的市场占有率，提高企业的经济效益，对企业的持续性发展具有深远意义。下面来看看核心资源都包括哪些部分。

1. 资本

资本是一个企业运行的基本要素，没有资本的支持，任何企业都无法在市场上立足。资本不仅包括流动资金，而且还包括经营制作的场地、需要用到的物品，甚至是水电的供应等。资本获取的方式，可能是创业者的固有资本、通过银行抵押贷款，抑或是邀请其他人入股成为合伙人。

2. 团队

团队是由基层人员与管理层人员共同组成的，他们拥有共同的目的。团队里的每个人都有自己擅长的领域和负责的内容，团队成员通过发挥自己的智慧与才能，推动企业项目的开展。拥有一支能与项目匹配的团队对于企业的发展是至关重要的，优秀的团队需要涵盖各方面的人才。

3. 技术

当代社会拼的就是技术与人才，拥有优秀团队的同时也要具备先进的技术，拥有先进的、无法被超越或者模仿程度难的技术是非常关键的，它可以让企业在市场竞争中处于有利地位、占据有利形势。在这方面创业者需要考虑技术的获取方式，是利用资源自主研发还是加盟购买某项技术产品来达到预期目标。

4. 硬件设备

硬件设备为项目的运作提供支持，这类资源有很多，例如，生产产品的工具和机器、用于制作策划的专业型电脑等。这些和资本里面提及的物品有所不同，这类设备一般不是普遍存在的，它需要与专业的项目相匹配。对于这类设备需求的等级不同，获得的难易程度便不同，创业者需慎重对待。

以上四部分是商业模式的核心资源，支持着企业的运作，保障企业的不断发展。下面举个例子来为创业者具体说明，在商业计划书中如何结合以上四点要素进行商业模式核心资源的撰写。

某科技公司拿出新的项目进行融资，它的产品是新研发的一款软件。创业者在商业计划书中商业模式的核心资源方面是这样写的。

这款软件是新时代研发的产物，这个项目的运营首先需要考虑技术方面的优势，本企业拥有研发软件的技术支持，对于研发出的软件的专利或者版权会得到申请与管理。在团队方面，本企业拥有专业的软件工程师、网络运营专家、设计与编辑、财务人士、法律顾问等人员，企业招聘人才的方式非常正规，确保团队成员的专业性。

资本的基本来源要有保障，首先，通过银行贷款；其次，寻觅有质量的合伙人；最后，有意向的目标客户已经预付款项。硬件设备方面包括电脑、各类机器、存储数据的空间等都有明确的指标并予以配备。

在撰写核心资源的时候，创业者需要先忽略那些普遍存在的资源，将眼光放在那些具有战略意义的关键资源上面，并将这些展现给投资者，让投资者知道企业拥有很多有实际价值的资源，在市场竞争中可以处于不败的地位。这样投资者才能对企业与项目更加有信心，增加他们的投资意向。

4.1.7 关键业务：项目可行企业的业务

企业的项目经过数据搜集和系统分析，最终确定可以正常运行。那么，在商业计划书中怎样展现商业模式的关键业务？这时可以从三个方面入手。

1. 生产产品

企业的经营目的是获得利润，但怎样才能获得利润？这需要依托产品来实现。企业生产产品，将产品销售给有需要的顾客，顾客得到了产品的使用价值，解决了需要解决的问题，同时顾客通过支付给企业费用来购买产品的使用价值。

由于企业的性质不同，生产的形式也是多种多样的，如房地产企业通过销售生产的楼房或者其他建筑来获取利润，餐厅通过为顾客提供餐饮与服务来获取利润，软件公司通过研发软件给客户使用，满足客户在网络方面的各项需求来获取利润。

生产是一个项目的开始，是企业获得利润的载体。企业需要注重生产的质量与效率，促使企业的利润不断增长、企业形象不断提升，这样，企业发展才具有可持续性。

2. 建立营销体系

企业拥有了有价值的产品，第二步就是将产品销售出去，营销体系的建立包括建立营销制度、招募营销人员、创建营销平台。

（1）建立营销制度。企业需要建立合理的营销制度，确立营销费用的额度、审批审核制度、使用权限、后期监管等方面的事宜。健全的营销制度可以确保营销费用的高效使用，将营销费用用在能扩大企业的知名度、提高产品销量的方面。

（2）招募营销人员。每个人的性格与能力不同，有的人天生适合做销售，这时候我们需要利用有效的资源去招聘能力强的销售人员或者管理人员来促进企业产品的销售。企业也应向销售人员提供相应培训，为新进销售人员提供技巧与成功案例，激发他们的销售热情与销售潜能。

（3）创建营销平台。传统型企业是通过商店来进行产品销售的，这是普遍存在的一种营销平台。随着科技的发展，网络平台的销售方式越来越被企业与顾客推崇，商家无须耗费高额的人力、物力、财力去租用店面、支付各类费用和寻找过多销售人员。顾客不再需要抽出更多的时间奔波于实体商店之间，他们只需要在空闲的时候在相应的网络平台上挑选心仪的产品就好。

3. 售后服务

当今社会，人们生活水平不断提高，越来越注重产品的品质，已不是企业把产品销售出去就结束的时期了，顾客对于产品的使用以及后期的维修与退换要求不断增高，企业为顺应顾客的需求也越来越重视售后服务这一模块。各大企业为了争抢市场，不断提高自身售后服务的价值，不但使顾客在使用产品时满意度较高，维修产品时也要能让顾客获得良好体验，让顾客购买产品时无所顾虑。

以上三个方面的内容就是商业模式的关键业务，创业者需要循序渐进、层层深入地进行撰写，给投资者展现一个专业的水平。为了让投资者更加清晰地了解商业模式关键业务的设计方法与展现价值，下面用一个案例来具体说明。

海尔集团是全球知名的家电品牌。但其实在早年间，海尔是一家面临倒闭的集体小厂，经过名牌化、多元化、国际化、全球化等多次战略发展的调整，才有如今市场占有率高、利润率不断增长的良好状态。

在商业计划书的关键业务方面，海尔集团是这样进行介绍的。

（1）产品的生产。针对不同的市场生产不同的产品，生产的产品要能满足各层次客户的需求。

（2）建立营销体系。运用符合市场发展要求的营销方式，不断完善发展计划，以便在不同阶段都能获得不同的效益。如在各大商场销售海尔品牌的电器，定期举行活动，推出新产品试用活动，对老款产品进行福利折扣，以此回馈新老客户。

（3）售后服务。海尔集团注重售后服务，专门成立了售后服务团队，保障客户在商品的后期使用中产生的任何问题都能迅速得到妥善的解决。

早期，海尔集团只生产冰箱、洗衣机、空调，随着科技的发展，互联网已经得到普及，海尔集团乘着科技的巨浪，不断加强对互联网的探索，致力于成为互联网企业，往更广阔的领域发展。目前，海尔集团已从传统型企业转型，开始为"创客"提供平台。

由上述案例可以看出，生产、营销、售后服务是企业项目整体运营的模式，商业计划书的关键业务方面需要结合这三方面内容进行撰写。但是需要注意，在不同时期，企业为了不被市场淘汰，也需要跟上时代的步伐，生产顺应潮流的产品，运用先进的营销方式、完善的售后服务模式，为企业不断创造新的拓展机遇。

4.1.8 关键伙伴：供应商及合作伙伴

企业的发展不可能是单打独斗的，它需要伙伴才能持续发展下去。创业者在商业计划书中要向投资者说明，企业的合作伙伴都有哪些，他们能为企业的发展和项目的运营做些什么贡献。

发展是长期的，这种合作需要建立在相互信赖的基础上。创业者在商业计划书中要明确，合作双方秉承着共同的理念和目标，并且为了达到预期目标，不断改进计划。

这种合作关系在开始时可能是明确的口头约定，后期会形成合约，约定双方相互信任，共享信息或资源，共同承担风险，一起创造与发展。在合作的每个阶段，双方都应及时沟通，严谨地表现合作的诚意。

企业的伙伴包括买方或供应商和合作伙伴。

1. 买方或供应商

这是一种最常见的合作关系，为了便于大家理解，以例子来说明企业与买方或供应商之间合作的表现形式以及需要注意的事项。

假如一家餐厅的主打菜肴是海鲜，那么海鲜经销商就是这家餐馆的供应商，餐厅就是海鲜经销商的买方。餐厅可以以预订的方式，定期从海鲜经销商那里拿到所需的海鲜食材，确保顾客在挑选菜品和品尝菜品的时候都获得满意的体验。

对于海鲜经销商来说，他们需要保障供应的海鲜的新鲜度，也就是品质，没有好的食材也就无法做出好的菜品，还要保障菜品供应的时效性，尤其在一些节假日的时候需要注意，不能断货影响餐厅的经营。

对于餐厅来说，他们需要保证能定期到海鲜经销商那里购买海鲜，预订的海鲜也要按照约定去取货。如果因为一些特殊原因无法履行约定，也需要提前沟通，切不可无故违反合约，失信于海鲜经销商。

2. 合作伙伴

这一类别是比较特殊的合作关系，主要包括三种类型的合作。

（1）非竞争者之间的战略联盟。非竞争者之间的战略联盟是指通过与没有竞争关系的企业确定长期合作意向，来实现企业在一个新领域的宣传推广，双方是互不拥有的关系。

例如，摩拜单车和每日优鲜曾经进行合作，每位用户通过扫码使用摩拜单车，每扫一次码就能参与一次抽奖，奖品是每日优鲜提供的水果。使用者为了获得水果会增加使用摩拜单车的频率，摩拜单车的活跃度得以提升。而顾客通过抽奖获得了水果，为了能够获得包邮的福利，用户会购买一些其他的东西来实现它，增加了每日优鲜的销售量。

可见，非竞争者之间的战略联盟对于企业销量和知名度的提升有促进作用。

（2）互补型合作经营。当一家企业开始经营某种业务时发现，其缺乏某种资源，而需要的资源是另一家企业所拥有的。这种时候企业一般会选择互补型合作方式，以此来弥补自身的不足。

例如，某一些软件的制作，在数据分析方面会采用API。API是应用程序的编程接口，它预先定义了函数，可以为软件研发人员在工作中访问某些程序提供便捷，研发人员不用再纠结于源码或者预先了解程序内部的细节，提升了工作的效率。

这种合作方式可以比较便捷地获取缺乏的资源，使企业内部人员不用再耗费更多的时间，可以将精力更多地用在经营发展方面。

（3）竞争者之间的部分合作。有的时候，竞争对手也可以是某一方面的合作伙伴，可以共享某一方面的资源，达到合作共赢的目的。

以上三种类型的合作伙伴是创业者在项目运营中可以遇见的，创业者可以根据自身具体情况来撰写商业计划书商业模式的关键合作伙伴部分，但是重点还是要突出他们在项目运营中的价值。

例如，iPad和Kindle都可以用来阅读，甚至娱乐的电子产品，它们是一种竞争的关系。但是在iPad新发展的商业计划书中也设计安装了Kindle的阅读软件，和Kindle进行竞争类合作。

客户可以通过软件登录亚马逊的账号购买和使用数据。这样来看，苹果公司和亚马逊公司在这些方面也是一种合作关系。

由此可见，合作的方式是多种多样的，关键伙伴也是多种多样的。但是在商业计划书中创业者没有必要将所有的合作伙伴都列举出来，创业者要将对自己最重要、最有价值的合作伙伴展现给投资者。根据企业的性质以及自身发展的需要，选择有利的合作伙伴，这对于企业的不断拓展、打响知名度、提升销量和赢得更多利润有战略性意义。

4.1.9 成本结构：开发成本＋营销费用＋采购费用

成本结构是指企业所有成本中，每一种成本占总成本的比重，这种百分比的结构就是成本结构。投资者对于成本结构还是比较看重的，他们都愿意付出少量的成本，换取大量的收益。创业者展现的成本结构越是合理，他们越会看重项目。

不同类型的企业拥有不同的成本结构。成本结构主要包括三个方面。

1. 开发成本

开发成本是指一种初始成本，它包含产品生产的原材料以及在生产过程中需要缴纳的各项费用。以房地产企业为例，其开发成本包括土地使用权出让金、前期工程费、建安工程费、基础设施费、公共配套设施费、开发期间税费等。

开发成本受经济形势、法律法规、参与者素质影响。经济形势越好，法律法规越与企业发展要求相匹配，参与者素质越高，开发成本就越低，反之则增高。

2. 营销费用

营销费用是指用于销售推广、物品的包装以及各类相关的服务费用。如今，很多企业为了促进销售，总是运用各种促销手段，带来了种类繁多的营销费用。

主要包括：举办促销活动的费用、运用多媒体推广的费用、销售顾问咨询费用等。这里值得注意的是，人们越来越注重产品的品质，企业对售后服务模块的投入也越来越多。

企业需要根据自身的需求与发展目标制定相匹配的销售制度与财务制度，在控制成本的同时加强对营销费用的管理，实现利润的不断增长。

3. 采购费用

采购费用是指在采购用于产品的材料中需要支付的各项费用，其中包括材料的包装费用、装卸费用、运输费用、保险费用、仓储费用以及在采购运输入仓等期间产生的各类其他费用。

在实际经营中还存在一些其他费用也应计入采购费用，例如，采购人员差旅费、采购部门经费等，但有的企业为了便于核算将这些计入了管理费用。

创业者的计划书中的商业模式成本结构主要包括以上三方面的内容，创业者要结合企业的特点与要素合理地设计成本结构。需要注意的是，成本结构需要真实有效，任何投资者都不希望看到创业者的不真诚，这会让他们感觉不好，甚至因此放弃投资。

某软件开发企业在商业计划书中是这样设计商业模式成本结构的。

（1）开发成本。开发成本是指招聘、培训并且留住软件设计工程师以及相关管理服务人员的各类费用、办公的场地租金、水电费用等。

（2）营销费用。营销费用是指对于软件的宣传推广费用、后期的运营支持等费用。

（3）采购费用。采购费用是指在研发与销售的过程中所涉及的要采购的各类办公用品费用，如研发设备或者纸笔等。

成本结构的价值体现在，它决定了产品的定价，是企业进行决策的依据，也是计算企业运营产品盈亏的基础。对于成本结构的管理方法主要有：

（1）健全财务制度，加强对开发成本的控制；

（2）增强对营销费用的管理，对于费用的审批和使用进行科学监督；

（3）建立完善的信息体系，与有价值的供应商或合作伙伴紧密联系；

（4）完善各类人员的薪酬体系，资金分配合理有度；

（5）对于销售人员与采购人员的能力予以培训与考核。

创业者在商业计划书中，不但要说明企业的商业模式的成本结构，还需要针对部分已经存在或者即将发生的成本结构问题的解决办法予以说明，让投资者知道创业者的成本结构是合理的，而且也没有逃避需要面对的问题，有积极有效的解决办法。这会让投资者更加满意企业的项目。

4.2 影响营销策略制定的因素

企业的发展离不开营销，制定正确的营销策略会提升企业的知名度，提高产品的销售量，增加企业的经营收益，拓展产品在市场上的占有率。但是随着市场形势的不断发展与变换，竞争态势日益激烈，各方面的因素相互制约。本小节为创业者讲解影响营销策略制定的因素有哪些。

本节将从四个方面为创业者讲解商业计划书中影响营销策略制定的因素，帮助创业者找到撰写的重点，避免陷入误区。

4.2.1 消费者的特点

产品最终是需要到达消费者手中的，创业者需要通过各种途径搜集消费者的信息，掌握消费者需要什么样的产品以及用产品想解决什么样的问题，消费者为什么会选择购买某种产品。创业者在撰写商业计划书时，要根据消费者的需求和购买能力来设计和生产相应的商品。

在商业计划书中还要分析市场环境与竞争因素，制定符合企业发展的营销策略，这样的营销才能获得成功。投资者才会满意企业的营销策略。

某企业保健品的营销策略在计划书中是这样设计的。

购买保健品是为了提高身体免疫力，本企业通过对数据的搜索分析，发现它适宜的对象是中老年人或者孩子这类身体免疫力低下的人群。但是购买的人群却是年轻成人，每当过年过节的时候，他们会购买此类产品送给父母亲友。

本企业根据市场的情况与消费者的需求，决定将产品目标人群锁定在中老年人身上。

（1）对于产品的生产，注重调理中老年人的身体素质；

（2）销售产品时，加大产品在年节的促销力度；

（3）制定广告时使用老年人的动画形象，在潜移默化的暗示中，促使年轻人选择这家企业的保健品。

这个案例表现出要在注重消费者特点的前提下制定营销策略，这样能在很大程度上促进产品的销售，让年轻人有这样一个认知：过年过节要为父母亲友购买保健品，而且要选择这个品牌。

企业赢得利润的同时，提高了知名度，拓宽了产品的销售面积和市场覆盖率。因此，创业者在撰写商业计划书的时候，要根据消费者的特点来制定项目商业模式的营销策略。相信这会有很广泛的销量，能让投资者放心投资。

4.2.2 产品的特性

产品的特性也就是通过对产品的优劣势分析，确定产品的销售方向。创业者在撰写商业计划书的时候，可以从本品分析和竞品分析这两个方面进行，知己知彼，才能百战不殆。

在实际的营销活动中，顾客难免会用其他品牌的产品与企业的产品进行比较。如果无法熟知自身企业的产品，就无法为顾客很好地介绍产品。如果对竞争对手的产品不甚了解，一旦被顾客问住就会使顾客产生怀疑，也会对企业的产品产生疑虑。

在某营销类课程中，两名学员在做销售模拟演示，一位学员扮演销售人员，另一位学员扮演顾客。由于扮演销售人员的学员缺乏对本品和竞品的了解，整个销售过程中的介绍十分不顺畅，几次无法回答顾客的问题。而扮演顾客的学员，由于无法得到相应的产品信息，对于销售的产品只能通过直观的感觉来判断产品的性能，最终这场销售模拟演示以失败告终。

在商业计划书中介绍市场营销时也是一样的，创业者介绍完目标客户的特点之后，需要对产品的特性进行讲解。创业者通过对本品和竞品的特性对比和深度分析，将自己对产品的知识与热情带给投资者，促使投资者信任和喜欢企业的产品。

美团外卖在商业计划书中对于本企业的产品和"饿了么"进行了产品特性的分析比较：

（1）在颜色搭配上，美团的搭配颜色统一，饿了么的搭配冷暖色交替使用；

（2）在凸显方式上，美团注重价格，方便顾客了解店铺水平，饿了么注重活动，方便顾客参加；

（3）在点击进入目标项方面，美团点击次数少，饿了么点击次数多。

对比得到的结论是：美团的界面设计合理，方便客户理解，使用率高；饿了么着重于大方向的规划，未来发展前景良好，但缺乏对于细节的把控，用户使用率低于美团。美团需要吸取"饿了么"部分特性优势，更好地设计并规划未来的发展趋势。

由上述案例可见，产品的特性影响着产品的销售，也影响着企业的效益。只有对本品和竞品同时了解，才能更好地进行市场营销，不断改进自身企业的营销策略。投资者在商业计划书中想要看到的不仅仅是投资者项目的优势，更想看到的是相对于竞争对手的特性来说，创业者有哪些应对措施和办法。

4.2.3 企业自身的状况

影响营销模式的因素，很关键的一点就是企业自身的情况，每个企业都有自己的优势与劣势。创业者需要对自身企业足够了解，在计划书中发扬自己的优势，规避自己的劣势，合理地运用资源，遵循市场的规律，设计生产与销售符合消费者需求的产品,这样才能让投资者看到企业的价值,并且保障自身企业的可持续发展。

企业自身的情况包括企业的资本运营情况、现有的平台资源、在市场营销方面的人才、良好的项目合作伙伴、健全的营销制度等。创业者只有更好地掌握这些,才能在撰写商业计划书的商业模式营销策略部分时,做到有理有据,最终设计出合理的、让投资者满意的、促进企业营销发展的策略。

爱奇艺视频一直坚持"悦享品质"的公司理念,以年轻人为目标客户,不断为客户群体提供有品质的青春时尚电视剧、电影、娱乐节目等。但是随着各大网络媒体平台的建立,爱奇艺的优势不再明显。

在新产品的商业计划书中,爱奇艺是这样写的:基于自身所拥有的平台优势和广大客户群体的支持,爱奇艺将部分注意力放在企业自身情况方面,不断生产属于自身平台的网络热剧,并且在主页部分模块强烈推荐。

不仅如此,爱奇艺还发动自己的合作伙伴,用他们的平台优势为爱奇艺的专属网络剧造势。最终,自制网络剧受到了不少的关注,爱奇艺在网络剧的自产自销领域也获得了不小的赞誉,在获得收益的同时,品牌形象大幅度提升。

由此可见,爱奇艺了解企业的自身优势,合理地运用资源,遵循市场的不断变化,勇于迎接挑战,合理地在商业计划书中设计企业的营销发展策略,给予投资者惊喜,对企业的创新与发展也具有深远意义。

4.2.4 市场环境方面的因素

市场环境影响着产品的生产与销售,市场环境的不断变化,既可能给企业带来发展的机遇,又可能给企业的发展带来危机。创业者在商业计划书中需要明确营销目标,认清市场环境的优劣势,制定正确的营销策略,促进企业的不断发展壮大。

影响营销策略的市场环境方面的因素有:政治因素、法律因素、经济因素、技术因素、文化因素、地理因素和竞争因素等。在商业计划书的商业模式的营销策略部分，加强对市场环境因素的分析，是为了向投资者明确产品未来投放市场的潜在客户群体与需求量，以及同行业竞争对手的相关信息。创业者要告知投资者，企业掌握的这些信息能够很好地被运用，并且设计的营销策略很有价值，可以保证减少战略性失误，使企业的损失降低。

例如，凉茶这种饮品一直是南方人所热衷的，这主要和南方的气候、饮食、文化有关系。但凉茶的商家由于缺乏对于市场环境的了解，没有考虑到南方与北方在气候、饮食与文化等方面的不同，进行了错误的产品定位，将销售凉茶的业务目标转移到了北方市场。

早期产品的销售量与利润收益不太好时，商家认为是市场知名度问题，毕竟北方市场并没有这种产品，因此加大人力、物力、财力等方面的投入，甚至不惜以赠送的方式来得到大众的认可，但收效甚微。

由此可见，市场环境方面的因素制约着产品的销售。只有正视市场环境方面的要素，制定正确的营销策略，才能对拓宽企业的发展有促进作用。

4.3 营销策略包含的4个内容

营销策略的制定要立足于企业自身所拥有的资源优势，符合市场的发展规律，满足目标客户的需求，这样才能算是成功的企业营销策略。企业营销策略主要包括四个方面，分别是营销渠道、营销团队、营销计划、产品价格。企业从这四方面着手，打造全面、有效的营销策略，让投资者满意。

4.3.1 市场结构及营销渠道选择

市场结构是指构成某系统的各个要素之间的相互关系。对于企业来说，就是所面临的市场环境中存在的各种关系，这种关系包括相互交易、市场竞争、合作共赢等。创业者在商业计划书中要对所面临的市场结构情况进行搜集分析，并说明企业所面临的具体情况，以及针对这种情况采取的解决办法。

营销渠道是指由原材料供应商、产品的生产者、产品的批发者和产品的零售商共同组成的一种系统，这种系统采取某种方式将产品的所有权从产品的生产者转移到产品的使用者手中，并实现产品的使用价值。这个使用者可以是团体或者个人。

创业者在计划书中对营销渠道的设计尤为重要，在确定目标人群的基础上，选择适合企业的营销渠道，保障产品能迅速被目标人群认知、购买、送达。

由此可见，只要锁定了目标人群，选择适合产品的营销渠道，无论什么产品都会得到投资者和客户的认可，最终获得投资与利润。创业者就是要让投资者看到自己的营销渠道是有价值的，可以给他们带来利润。

4.3.2 营销队伍和管理

某位名人曾说过："宁愿把资金投给二流的项目，一流的团队，也不愿将资金投给一流的项目，二流的团队。"为什么这样说，因为一流的团队可以把二流的项目做好，即使不赚钱也不会赔钱，而二流的团队，由于各方面经验能力的不足，却能将好的项目做赔，这是投资者最不愿意看到的。

在商业计划书中，创业者需要为投资者介绍自己拥有什么样的销售团队和团队管理制度，可以保障自己的营销计划合理有效地进行。

1. 营销团队

在营销团队方面，创业者要为投资者展现自己拥有怎样的销售人员和营销管理人员。销售人员要经过培训考核来筛选，营销管理人员属于管理层，需要展现其拥有的销售经验优势和营销管理能力。有价值的计划匹配有意义的管理，再加上高素质的营销人员，一定会形成精英型团队。这样的团队不但可以保障营销策略的有效进行，也可以给予投资者信心。

2. 营销管理制度

拥有了高品质人才的同时，企业还要拥有合理的营销管理制度。这种制度分为两个方面：一方面是对于营销人员的管理，另一方面是对于产品营销的管理。

（1）对于营销人员的管理。拥有了高品质团队，也要建立健全的制度，便于对营销人员的管理。制度包括对于员工责任义务的规定、办事权限的设定以及奖惩制度。还要明确薪酬规划体系，将这种体系与业绩相结合，促进企业产品的销售，更好地赢得利润。

（2）对于产品营销的管理。企业为了增加收益会适时地举办各种活动，可以在扩大企业知名度的同时增加产品销量。但是在某些时候，这些活动可能存在着浪费公司资源的情况，因此，创业者在制定营销策略的时候，应该设计产品的营销管理制度。这种管理制度体现在严格管理营销款项的批示，监控后期款项的使用情况和带来的效益等。

创业者在商业计划书中需要明确自己所拥有的高品质团队和营销管理制度，让投资者知道创业者的企业与项目是有保障的，投资者可以放心大胆地投资。

4.3.3 促销计划和广告策略

创业者在商业模式中的营销策略方面要展示的另一大重点就是具体的营销计划，营销计划主要包括促销计划和广告策略。

1. 促销计划

创业者的促销计划一定要有价值，不能为了做活动而做活动，是真心为了促销还是敷衍了事，投资者是可以看出来的。有价值的促销计划一般分为四种类型。

（1）年度促销。年度促销计划是指企业为了促进销售，营造热烈的销售氛围，以年为跨度策划的促销计划。创业者在撰写商业计划书时需要注意，如果选择这种促销计划，那么计划要与节日特点相融合，与其他营销策略相结合，还要考虑到淡旺季的业绩差距。

（2）主题促销。主题促销是具有特殊目的的一种促销，经常被使用在企业开幕、周年庆等活动上面。创业者选择这种促销计划的时候，需要对应特定事件，不可随意编造，否则会影响企业形象或者信誉度。

（3）弥补促销。弥补型促销计划最为常见。销售商品是获得利润的主要来源，而业绩能否顺利完成影响着利润，这个时候就需要弥补型促销计划来为创业者实现这一点。

创业者采用这种促销方式时，可以以"月""周""日"为单位，设立预警，如果既定时间一到业绩有所偏差，便可以开始这种促销模式来弥补业绩缺口。由于每家企业的性质不同，因此标准也不同，创业者可以考虑根据过去正常业绩为参考值来设立预警，这对于企业的业绩完成有很大的帮助。

（4）对抗促销。所谓对抗促销是针对竞争对手而言的。当前社会，市场发展迅速，竞争日益激烈，目标客户会受多方面因素的影响，被竞争对手诱惑而去。这个时候对抗促销应运而生，对抗促销的价值存在于竞争关系中。

创业者使用这种促销模式是建立在竞争对手的营销策略已经或者即将对自身企业的营销产生影响的基础上。这个时候对抗促销效果很好。

2. 广告策略

提到广告策略，我们便要明确运用广告的目的和方式。广告的目的是吸引哪类客户群体，想要以哪样的风格给客户群体留下怎样的印象。

广告方式包括刊登杂志宣传、通过多媒体宣传、社交网络宣传等。创业者需要注意的是，广告要传播正能量，要选择正规、影响力大的机构或者组织，要符合企业自身情况。

创业者在撰写商业计划书时，需要明确促销进化与广告策略的目的，考虑市场大环境与竞争对手的影响，结合自身企业的需求，选择合适的方法完成商业模式营销策略的设计。相信投资者会看到创业者的用心。

4.3.4 价格决策

价格决策是投资者比较关心的，价格决策是企业根据市场情况和自身情况对产品最终定价的选择与优化。它是营销策略中不可或缺的一部分，价格决策影响着企业的经营决策。

例如，企业想要提高产品的市场占有率，增强客户的认知，就需要降低价格，增加销售量。企业如果追求获得更多利润，就会在一定情况下提高产品的价格。因此，价格决策和经营决策是相互影响的关系。

创业者要知道每一次价格决策调整都是有目的的，目的一般体现在四个方面。

1. 维持生存

新企业的初步发展或者成熟企业在面临危机时，都需要根据企业的具体情况调整价格，以此来保障企业的生存与发展。企业需要盈利，不盈利的企业是无法生存的，产品价格需要保障产品的生产、销售、运营。

2. 利益最大化

当企业处于基本稳定的状态时，它在某种特定因素下会追求利益的最大化，这个时候很可能采取提高销售量与客户满意度都良好的产品的价格。这种产品是大众所认可的性价比高的产品，因此当价格提升时，只要不超过预算，这种产品依旧能有很好的销售业绩。

3. 市场占有率高

当企业希望自己的产品相较于其他品牌的产品，市场占有率更高的时候，通常会选择降低产品价格的方式来增加销量。市场中同类型的产品众多，顾客是最容易被诱惑的，当某种产品大减价时，他们定会蜂拥而至。

4. 产品质量优

当企业为了打造品牌效应，生产质量优异的产品时，相应的产品的成本就增高了，企业不但不能赔钱还得赚钱，因此产品的价格肯定要提高。前期销量可能不济，但是当品牌打响后，产品的高质量能得到大众认可时，销量也会相应提升。

　　创业者可以根据以上四种情况进行分析整合，根据企业所面临的情况撰写商业模式中营销策略的价格决策。需要注意的是，投资者对早期盈利虽然关注，但是并不是特别在意，他们需要看到的是项目未来的增长与发展的前景。创业者在价格决策方面要体现这些的内容。

第 5 章

行业及产品
市场分析

本章是针对商业计划书中需要涉及的行业与产品市场两大主题进行分析，产品的生产与销售需要对这两个模块的数据与信息进行搜集，只有掌握了同行业与市场的基本情况才能更好地运营产品。

本章会具体讲解，在撰写商业计划书时针对这两个模块需要怎样设计或者需要注意什么，以及怎样为投资者呈现一份满意的行业及产品市场分析。

下面各小节将深入地讲解行业及产品市场分析的内容，帮助创业者完成商业计划书中这部分的撰写，让投资者看到企业所涉及的行业、所生产的产品在行业和市场中的价值。

5.1 行业情况

创业者决定进入一个行业前需要做调查分析，通过对同行业企业的数据与信息进行搜集、分析、整合，最终确定进入一个行业是否可行，是否存在风险，所拥有的资源是否有对应风险。这些都需要创业者在商业计划书中向投资者进行展现。

对于成熟的企业而言，同行业的信息是企业的风向标，它对企业的发展有指引作用。如果整个行业都处于不景气的情况，某个企业是无法独善其身的，若某项政策为这个行业带来机会与希望，相信此行业大部分公司也能乘着这股浪潮扬帆前行。

下面几个小节会针对创业者在行业分析时需要涉及的具体内容进行讲解。

5.1.1 行业发展历史及趋势

创业者的企业所涉及的行业未必是投资者所了解的，为了让投资者对这个行业予以关注甚至感兴趣，以此来增加融资成功的概率，创业者需要在商业计划书中的行业分析部分对整个行业的历史以及发展趋势有一个明确的介绍。

为了使行业分析部分的介绍达到必要的客观性与完整性，创业者还需要对这部分做相应的调查和分析。利用下面这个案例为创业者说明，在商业计划书中应怎样罗列分析企业所在行业的发展历史与趋势。

某科技公司想进入互联网行业，则需要在商业计划书中项目行业部分对所要进入的行业的历史发展状况予以介绍。

该科技公司的创业者在商业计划书是这样写的：互联网行业是新兴行业，如今处于发展迅速、势头强劲的时期，当今社会任何事物都离不开互联网。但是，互联网行业的发展变化确是历经几十年，共有三个阶段，如图5-1所示。

图5-1 互联网行业发展的阶段

1. 产生阶段

（1）电脑进入大多数家庭。比尔·盖茨发明的Windows让互联网进入人们的工作与生活，人们开始享受互联网带来的快乐与便利。

（2）门户网站的形成。互联网行业带来了媒体行业的巨大变化，人们从关注报纸期刊到从门户网站获得最新信息，由此产生了网易、新浪、搜狐三大互联网公司。

（3）BAT时代的到来。B代表百度、A代表阿里巴巴、T代表腾讯。随着科技的发展，门户网站已经不再是霸主，很多新的技术与产品开始运用互联网为人们服务。马云制造出了淘宝便于人们购物，马化腾设计了属于腾讯的新的社交方式，易于人们联系；李彦宏制作出的百度，为人们带来了太多的信息。

2. 发展阶段

（1）移动互联网问世。随着安卓与苹果的触屏手机问世，移动互联网开始进入大众的生活与工作。与此同时，为了保障网络速度，Wi-Fi应运而生。各类手机APP的使用频率超过了电脑，新浪推出了微博，网易手游做得很好等。

（2）云计算和大数据的兴起。虽然各大企业强势入局，但由于核心技术都掌握在某些大型公司手中，所以幸存下来的企业屈指可数。网易、华为、阿里巴巴、腾讯等大公司都安排了大数据平台，即使产品不是最优秀的，但是所拥有的技术就是话语权。

今日头条运用大数据的分析，将不同内容推荐给不同的人，抢占了大部分移动端的流量，如快手、抖音等，短视频的诞生撼动了原来流量巨头的霸主地位。

（3）互联网娱乐产业与互联网金融公司。随着各类影视、综艺、游戏深入人心，各大视频也争相竞逐，最终形成了腾讯、爱奇艺、优酷三大视频企业。一些直播网站的兴起，为一些民间艺人带来机遇，"网红"行业应运而生。

互联网金融公司是科技时代的产物，代表作就是支付宝转变的蚂蚁金服公司。更多的公司看到了它的商业价值，也开始进行运作，如京东、网易、美团、滴滴等。

3. 创新阶段

人工智能技术是建立在云计算和大数据的基础之上，相比于这两种技术，人工智能技术的成本与运作具有高难度，因此很多跟风的概念公司很快出局，只有部分行业先驱完成了部分方案，处于不断发展阶段，如商汤科技、第四范式等。

科技还在不断发展，时代还在不断进步，互联网已经融入生活的方方面面，每天都有不同的事情发生，未来的每一天都可能是新的互联网时代。

本企业跟上时代的步伐，进入互联网行业，研发各类软件，旨在丰富人们的生活，并且为人们的生活与工作提供便利。

综上所述，清晰有条理地介绍与分析行业发展历史与趋势，会让投资者迅速了解创业者的企业所隶属的行业。创业者也可以以技术发展、时代进步为前提，罗列并分析行业的发展趋势，让投资者对企业项目所在的行业有更宏观的认识。了解一种行业，打消很多疑虑，是投资者投资一类企业的前提。

5.1.2 行业的竞争壁垒

行业的竞争壁垒是指在市场竞争的大环境中，企业依据自身所拥有的资源，在具体市场环境的管束下，针对竞争对手而建立的有效的竞争门槛，以此来保障企业在市场竞争中处于绝对优势的地位。

对于创业者来说，拥有竞争壁垒便是拥有了对各方面资源技术的保障，但在现在这样一个互联网时代，企业应该如何建立好护城河，形成自己的竞争壁垒，如何拥有自己的核心竞争力，如何在商业计划书中向投资者展现自己所拥有的行业竞争壁垒，就是投资者需要思考的事情了。下面用一个案例来进行解析，希望对创业者撰写商业计划书有帮助。

褚橙品牌的创始人是褚时健，他的一生充满传奇色彩，褚橙是他74岁时开始创建的品牌。褚橙的商业计划书中是这样介绍企业拥有的行业竞争壁垒的。

首先，企业对于产品进行标准化管理，要求每个橙子的大小和口感都是一致的。

其次，不断研发新的技术，不断探索，将褚橙的品质做到极致。

再次，利用"互联网+"的模式销售褚橙。与"本来生活网"进行合作互动，增加了褚橙与顾客之间的接触机会，将简单的买卖关系转变成有温度的交流。

最终，褚橙不但赢得了投资，而且销量良好，品牌得以很好地建立，还被冠名成为具有励志属性的标签，得到了广大消费者的好评。

褚橙的案例表明了它的行业竞争壁垒包括四个方面，① 对于技术与品质的不懈追求；② 和消费者共生成长的能力；③ 与相关价值链的成员共享获得的价值；④ 抢占消费者的品类第一的心理。

褚橙的成功应该让创业者明白，任何时期都不缺乏领军人物或领军品牌。从上古时期盘古的开天辟地，到东汉末年的乱世枭雄，再到当今社会的"互联网+"模式，很多线下传统企业倒闭，新兴的线上企业发展蓬勃。褚橙就是看准了行业竞争的商机，利用先进技术与互联网使褚橙品牌得以创立与发展。

创业者在商业计划书中也要向投资者展示自己的企业具有怎样的竞争壁垒。

在这个互联网时代，各个领域里到处都上演着同行竞争的厮杀，微信与支付宝在支付领域的势均力敌；快手与抖音在短视频领域的明争暗斗。在混乱的竞争中蕴藏着各种各样的机会与危机，创业者拥有怎样的能力才能在没有硝烟的厮杀中胜出是投资者所要看到的。

创业者可以在以下几个方面寻找适合自身企业的行业竞争壁垒，培养自己的核心竞争力。

1. 创新能力

创业者在商业计划书中要向投资者展现企业拥有的创新能力，也就是拥有不断解决问题的能力。创新指代的不只是技术，也包含某种制度或者模式。

2. 适应新变化

在这个科技高速发展的新时代，对于新知识、新技术的不断学习吸收，才能促进企业的持续发展，这方面还包括对于突发性事件的解决应对能力。

3. 打造专业长板

创业者的企业肯定有自己擅长或不擅长的事情，在商业计划书中，要向投资者展示自己擅长的事情，并将它做到极致，从而形成自己独特的优势，和其他企业形成反差，这也是区别于其他企业的不可跨越的鸿沟。

4. 共情能力

随着科技的发展，互联网不断地演变，人工智能时代即将到来，人工智能是为人类服务的，因此人们之间的沟通和协调就显得尤为重要，共情能力可以帮助创业者的企业在产品方面能更好地促进人与人之间的沟通与协调，实现共同合作与发展。这方面的能力要在计划书中展示出来。

在这个新时代，创业者如果能将自己打造成为中心节点，链接更多的人参与其中，从而成立自己的专属品牌，并且致力于超越其他企业成为领军者。相信投资者会对创业者的项目相当感兴趣。

5.1.3 行业市场前景分析及预测

行业市场前景分析及预测，是对创业者所属行业的发展变化给予一定的关注，让创业者对行业和自身都有一个流动性的认识。在商业计划书的行业及产品市场分析方面，行业市场的前景分析及预测是比较重要的一部分，可以使投资者对创业者的行业有更明晰的认识，促使他们更快地进行投资。

创业者需要向投资者展示企业所在的领域市场前景良好，还可以添加具体数据来证明创业者的分析与预测。

有些信息不易得到，为了使商业计划书中的行业分析部分更具准确性、客观性，创业者可以从一些大公司的网站上搜集相关的信息。下面为创业者介绍一下怎样进行行业市场前景分析及预测。

任何行业都具有流动性，不同行业的发展情况不同，但大部分都会经过初始、扩张、稳定、下降或上升四个阶段，只有少数行业会长久保持在稳定阶段。创业者应该从以下四个方面进行行业市场前景分析及预测。

1. 国家政策

创业者在商业计划书中分析企业所处的行业市场时，首先要看国家的政策、战略方向，这是企业所处行业的大环境。一些国家会议的召开会对经济的发展产生影响。创业者要向投资者说明企业在这方面具有的优势。

例如，在中国共产党第十八次全国代表大会上，国家做了深化开展改革的重大决策，将重心放在了战略性新兴产业和航天军工企业，也就是在未来，战略性新兴产业将会受到政策的照顾，发展前景良好。这些企业包括节能环保类企业、绿色能源型企业、生产智能设备类企业、航天军工类企业。创业者在分析和预测行业前景时不要抛开政府政策的大环境。创业者可以通过"人民网""国家发改委官网""国家产业政策官网"以及各类财经网站获取相关的消息资源。

2. 行业规模

创业者对于行业市场前景的分析与预测需要考虑这个行业的规模，行业的规模越大，说明行业的扩展深度越广，创业者选择这个行业的发展机会越大。如果行业的规模较小，局限于某些地区，企业进入这个行业的发展机会相应就会小，这类行业是投资者不想看到的。

创业者可以从这个行业的产品服务的客户群体看出其规模，若是服务于大众则行业规模较大，若是服务于某一类客户群则规模较小。创业者还可以查看该行业中企业的产品销售是否受地域影响，以及企业的产值规模如何等。

3. 发展阶段

对于行业前景的分析与预测需要考虑这个行业现阶段处于什么样的发展阶段，创业者选择行业和撰写商业计划书时，需要擦亮眼睛，把握机遇，寻求稳步发展，并将这些展示给投资者。

4. 经济指标

经济指标反映一个行业现阶段和未来是否景气，而且很多行业之间的发展是相互影响的。例如，房地产行业的相关数据反映了家居装饰行业的未来增长情况；美元的走势说明了有色金属的价值。创业者可以从国家统计局官网或者股票软件上查询上市公司的股价走势。

创业者在商业计划书中设计行业的市场前景分析与预测时，可以根据以上四点进行撰写，企业所处的大环境越好、行业规模越大、所处发展阶段越繁华、经济指标越高，行业前景越良好，创业者的企业发展空间就越大，投资者会更加看好这类的项目。

5.2 产品所面临的市场情况

创业者在商业计划书中对于产品所面临的市场情况进行分析，有助于更好地了解当前阶段竞争市场的具体情况。创业者对市场情况越了解，企业生产的产品越符合市场需求。

市场情况受国家政策和行业规模的影响，国家政策越支持，行业规模越大；产品销售得越好，企业越能发展壮大，投资者也会更加看好企业并予以投资。

创业者在商业计划书中对于产品市场情况的调查分析，主要包括以下三个方面。

5.2.1 目标市场分析

目标市场是指企业细分市场之后，企业的营销活动瞄准这类市场方向并对活动进行优化。投资者希望在商业计划书中看到创业者对于目标市场的分析，这样有助于双方在市场认知上有共同点，也对创业者寻找市场机会有帮助。创业者对于目标市场的分析不但可以更有针对性地开展营销活动，还可以为企业研发新产品找到销路提供依据。

创业者应该怎样在商业计划书中进行目标市场分析，看完下面的案例相信大家会明白很多。

葡萄酒是仅次于啤酒的第二大受国民欢迎的酒类饮品。随着这个行业的不断扩张，葡萄酒的价格越来越亲民，各类档次的品种应有尽有。

某位创业者在计划书中从四个方面对葡萄酒的目标市场进行了分析。

1. 消费群体

经过调查统计分析，葡萄酒的消费群体在不断扩大，以25～45岁的青年人和中年人为主，从职业特征方面分析，这部分人普遍是公司白领、服务业从事者、企业管理人员等。还有一部分新富群体，是指高学历、高收入、高消费人士，他们有的喜欢西方文化，有的留学海外受西方文化熏陶，具有很丰富的葡萄酒知识与饮用经验。他们普遍偏爱进口葡萄酒，在一定程度上指引了高端消费群体的葡萄酒消费方向。

高端葡萄酒的消费毕竟有限，葡萄酒消费的成熟标志是大众化。

2. 消费水平

经过对超市葡萄酒专区的数据统计发现，目前引进的葡萄酒有300多种，其中百元以下的占据半壁江山，销售很好。虽然部分高收入人士追逐高端葡萄酒，但销售量相当有限。

虽然国家明令禁止生产半汁酒，但是还是有部分产品流向农村市场。应该对此予以关注。

3. 购买方式

在国外一些葡萄酒的传统消费国，他们大多数的葡萄酒都是在超市里面售卖。而在中国市场，葡萄酒的购买率本身并不高，少量人士会选择在超市进行挑选，更多的人是选择团购的方式在线购买。而部分酒庄则吸引了高端人士的光顾。

4. 购买种类

据统计，顾客购买葡萄酒时首先看的是品牌，法国葡萄酒是大众首选品牌，其次是价格，价格越亲民越受欢迎。中国的葡萄酒行业还处于发展阶段，越来越多的进口葡萄酒涌入市场，这和国民经济不断提升有着很大关系。目前，国内比较有名的葡萄酒品牌有：长城、王朝、张裕等。

这位葡萄酒创业者在商业计划书中对于目标市场的分析相当透彻，无论是消费群体特征，还是市场消费水平的总体特征，甚至于购买葡萄酒的方式及种类也有理有据地表现出来，让即使不关注葡萄酒行业的投资者也能迅速了解目标市场的具体情况，这样怎会对创业者没有信心？

相信各位创业者从这个案例中学到了不少有关目标市场分析的方法，希望能灵活运用到创业者自己的商业计划书中。

5.2.2 产品市场供求情况分析

产品市场供求状况有两种可能，一种是在未来一段时间里，如果市场中的产品供不应求，则目标客户的购买选择余地变小，企业可以扩大生产，并采用无差别营销策略；另一种是供大于求，客户的选择增多，企业需要控制生产，营销策略要有所差别或者采取集中式。

创业者对于产品市场供求情况的分析，有利于了解企业投入市场的产品将面临怎样的情况，对于未来销售量有所预测，便于控制生产。同时也可以寻找增加销量与收益的方法，促进企业的发展。

在商业计划书中，创业者应该怎样展示这方面的内容？怎样才能让投资者满意呢？我们还是通过案例来分析讲解。

某位想涉足彩妆行业的创业者撰写了一份商业计划书，计划书中对彩妆产品市场的供需情况以及发展趋势进行了如下分析。

1. 销售渠道

自彩妆商品进入市场以来，百货专柜就是它最好的销售平台，尤其是高端彩妆产品。通常百货专柜拥有高端的装饰、时尚的风格，以彰显品牌理念，吸引广大年轻人的目光。不仅如此，百货专柜还会为顾客提供消费咨询、免费体验、定制服务等，给客户不一样的感受。百货专柜不但是化妆品直接销售的渠道也是彩妆产品打造品牌形象的重要方式。

后期随着互联网的普及和发展，线上购买方式越来越受到大家的欢迎，但是由于无法体验商品，消费者购买的商品仅限于熟悉的品牌和购买过的产品。

因此，拥有线下实体和线上平台的品牌更能得到消费者的认可，产品整体趋向于供不应求的状态。

2. 市场规模

随着我国人均收入水平的不断提高，消费者在化妆品领域的支出明显增长，但化妆品的支出占整体可支配收入的比例还处于较低水平。相比于日、韩、美等相对成熟的彩妆市场，我国的彩妆市场还有较大的提升空间。人们的彩妆消费观念不断普及，彩妆市场将迎来发展的成熟期。

对于产品来说，面部彩妆产品销售较快，它的种类比较多，也是最基础的彩妆产品，但是随着人们生活节奏的加快，消费者更加喜欢多效合一的彩妆产品。其他彩妆产品中要属唇部产品销量大，这源于新时代消费者对于唇部产品文化的认可与追崇。

可见，国内彩妆行业市场规模在不断扩大，各类彩妆产品也在不断创新，旨在更好地服务消费者。

3. 行业竞争

我国的彩妆行业一直被国际大品牌所占据，国际大品牌拥有较高的人气口碑、产品质量稳定、销售渠道成熟等优势，拥有大量客户，对本土品牌造成了较大的竞争压力。但是国际大品牌一直致力于全球产品的协调统一，加上其严谨的决策流程，在针对区域市场时存在不灵活的问题，给了本土产品发展的机会。

本土品牌致力于本区域的消费结构与消费者皮肤的需求，针对本土具体情况进行产品研发与品牌定位，本土彩妆产品会越来越受到本土消费者的喜爱与追捧，前景良好。

由以上三点分析可以看出，我国彩妆行业处于飞速发展的阶段，彩妆产品不断研发创新，消费者的化妆概念也在不断被普及，未来对于本土彩妆品牌的需求会逐渐增多，市场上的产品会倾向于供不应求的状态，本企业考虑进入这个行业的创新发展计划是可行的。

以上对于计划书中产品市场分析的案例，告诉创业者可以通过这些方面对产品市场供求情况予以分析。但是需要注意的是，创业者要对所涉及的产品市场进行调查分析，才能提供更准确的数据，向投资者展现的思路才更清晰。

5.2.3 产品市场预测

产品的市场预测是指通过市场调查获得各种信息与数据，并运用科学的方法对已有信息与数据进行研究分析，找出产品在未来市场中的供求情况、变化规律、影响因素等。产品市场预测的价值体现在提高了管理的科学水平，降低了决策的失误率，能把握住经济发展的规律以及未来市场上的变化动态。

创业者在商业计划书中也要对这部分内容进行全方位、多层次的介绍，旨在让投资者看到企业的产品在未来发展的希望。下面以教育机构的产品市场预测为例，向创业者展示怎样撰写商业计划书的这部分。

随着科技的不断发展和互联网的普及，"互联网+教育培训"行业逐渐发展起来，让教育机构在近两年获得了巨大盈利，各大培训企业是否能在"互联网+"的浪潮中发展壮大，是很多培训机构和投资者需要考虑的问题。某位创业者撰写了一份关于教育机构的商业计划书，对项目行业的产品市场做了如下分析与预测。

1. 现阶段发展情况

当前阶段，我国教育产业的市场规模不断扩大，教育机构市场的运作形成了一个庞大的社会性的教育市场。教育培训市场呈现较为分散的市场格局，属于"大市场，小公司"的状态。在线教育的市场规模与用户规模呈现高速增长的状态。

2.教育涉及板块

目前,教育培训市场中主要有如下四大支撑模块。

(1)语言类培训,这部分以英语为主,日、韩、法、德、俄为辅,也有涉及小语种。培训类别小到语言级别,大到出国留学。

(2)财务类培训,主要是会计,会计的各类级别证书的考试与培训,甚至涵盖精算师等高级财务类培训。

(3)IT培训,是指电子类培训,涵盖电脑、手机、网络、软件等。

(4)少儿培训,主要是针对年龄较小的孩子们的各类培训课程。

3.未来呈现状态

在未来,教育培训市场会先出现几家以教育培训为主营业务的大型教育培训企业,之后中型教育培训企业会不断增多,甚至出现不少上市公司。未来十几年会是教育培训行业增长潜力最大的时期。

企业准备进入这类行业与市场,需要注意的是:

(1)中小型教育机构众多。由于教育机构缺乏严格的行业规范管束,门槛相对较低,因此中小型教育机构不断融入市场。多数采取先收费后服务的模式。但由于资源缺乏,师资水平参差不齐,没有明确的保障,学员为了降低风险,多选择有品牌保障的教育机构。

(2)运营与推广单一。教育培训行业发展较晚,产品无法标准化,知识缺乏标准化的服务平台。大型培训企业占比不足,教育培训行业需要规范化,投资者与加盟商有待开发。

(3)教育滞后。某些中小型教育机构缺乏师资力量与研发经费,导致课程设计不合理,缺乏创新,教学质量严重下降。这导致一些比较重要的考试,学员们仍是选择线下教育,例如高考辅导、考研辅导等。名师只能给少部分人授课,大部分学生缺乏资源。

由上述分析可见,教育培训行业现处于不断发展阶段,发展前景良好,但出现的问题也有很多,需要得到应有的标准化管制,以此保障学员的学习质量,教育规模与板块也需要不断扩大。在这种状况下,企业进入教育培训市场具有可行性,但是根据统计分析得出的结果与问题,需要合理规划提供的教育产品。

上述商业计划书的产品市场分析涵盖内容很全面,对于产品与市场的整体发展状态有充分的解析说明。创业者可以以此为例对本企业的产品所处的市场进行认真全面的调查分析,以便更好地向投资者展示项目的发展前景。

5.3 如何做好市场分析

市场分析是通过调查市场情况来分析产品的市场需求。这种分析对公司的产品经营具有良好的导向作用,为企业生产产品提供切实可行的客观依据。公司可以根据市场分析来对产品进行调整,做出消费者更满意的产品,以此来为公司带来更多的效益。

创业者在撰写商业计划书时对市场分析要清晰明确,但是又不能过于复杂,罗列出所有细节。比如可以从产品的目标方向切入,找到目标市场和目标客户群体,进行市场分析。但是不要只是简单罗列,需要进行深入的分析。

市场分析是每个公司都要进行的一项工作,分析中的一些数据和调研结果可以成为商业计划书的重要内容,这在获得投资的过程中可以起到很大的作用,有助于融资工作的顺利进行,促进公司的发展。

5.3.1 产品针对什么样的市场

产品或服务针对什么样的市场,是指企业在进行经营活动之前制定的产品战略方向,也就是企业要生产什么样的产品或者提供什么样的服务才能满足大众的需求,即企业的产品或服务投入的市场方向。

这种方针政策的制定在很大程度上关乎公司的成败。在商业计划书中，创业者要从以下三个方面进行产品市场分析。

1. 产品形态市场

产品形态是指通过了解用户需求，对产品进行设计和生产，然后呈现在用户面前，最终形成产品的整体情况。简单来说，产品形态包括意识、视觉和应用三种。好的产品形态一般包含以下特征。

（1）功能性，产品的功能是指产品的实际用途，设计和生产出来的产品应该保证产品的功能得到最大的发挥。

（2）创造性，好的产品形态应该具有创造性，外形上各种元素之间应该是相互搭配的，能给消费者带来一种美的感受。

（3）辨识度，好的产品形态应该具有辨识度，就是这个产品区别于其他产品的特征，也就是消费者不用看产品的品牌，通过外观就可以知道这是什么。

一款产品形态的好坏有多方面的因素影响，好的产品形态应该是协调的，能让消费者产生美的享受，这样才会促进产品销量的提升，为公司带来更大的效益。

2. 产品本质市场

产品的本质是整个产品的核心，决定了该产品满足了何种需求，就像在需要与他人进行联系时，人们会去买手机。产品的本质在很大程度上决定消费者是否要购买这件产品，是将产品更好地营销出去的重要部分。在商业计划书中，这部分要向投资人展示出来。

3. 产品服务市场

通过提高产品的服务质量来进行营销的策略就是产品服务营销策略，这是产品策略中的一种。在一份商业计划书中这部分是必须要有的，创业者可以从以下几方面来对产品的服务进行介绍。

（1）服务项目。对于具有不同购买需求的消费者来说，各个服务项目的重要性也是不同的。比如电子产品，消费者最为看重的是售后的维修服务，但对于那些体积庞大、运输不便的家具类产品，消费者更希望获得的服务项目是送货上门。

所以公司为了最大限度地满足消费者需求，应该进行相关的调查，将消费者希望获得的产品服务项目按照期望值进行排序，使消费者获得更好的消费体验。

（2）服务水平。一般来说，高水准的服务可以让消费者获得更加完美的体验，消费者复购的可能性也会大大提高，但是这也不是一个定理，所以公司在提高服务水平的时候，要根据消费者的需求进行量身定制，而不是将所有的服务项目整体提高，那样不一定能达到效果。

（3）服务形式。产品服务包括固定服务和流动服务两种形式。固定服务是按照产品在各个区域的销售情况来进行服务网点的划分。流动服务是指公司的销售服务部门定期或不定期地指派维修人员对各个消费者购买的产品进行调查、维修。一般空调等不方便拆卸和运输的产品都会采取此种形式。

想利用产品的服务提高竞争力达到营销目的，可以从以上三个方面进行，使产品服务在项目、水平、形式方面都尽力做到最好。这样不仅可以吸引消费者，也可以在融资时吸引投资者。

综上所述，对于产品形态、实质、服务的确定就是对产品战略发展方向的确定，同时还能让创业者与投资者清楚地知道产品到底是针对什么样的市场生产出来的。

5.3.2 有多少用户在使用产品

有多少用户在使用产品，这反映的是用户需求与用户认可两个方面的问题。产品越贴合用户的需求，越能得到用户的认可，使用产品的用户则越多，销量也就越好。之后企业的市场规模不断扩大，发展前景良好。

创业者如何在商业计划书中向投资者展示用户对于产品的需求情况呢？下面为创业者具体讲解这部分应该怎样撰写。

1. 用户需求

用户需求是商业计划书中比较重要的部分。投资者会关注企业所涉及的行业，它的目标客户需要的是什么样的产品，而企业提供的产品或服务能够为客户带来什么，能够帮他们解决什么样的问题。

投资者也会站在客户的角度来审视企业的产品，如果他认为产品能够解决相应客户的问题，那么投资者就会对企业的产品给出较高的评价。

在用户需求分析部分，解析既要清晰准确，也要通俗易懂，以便非专业的投资者也能对企业的产品有一定的理解和认识。

用户需求分析需要涉及以下几个问题。

（1）产品能为客户带来哪些好处？

（2）不同客户对产品的需求度有多大？

（3）此产品在行业中具有哪些优势，与竞争产品的比较情况是怎样的？

（4）产品价格与客户需求的关系是怎样的？

（5）产生的利润是否能够达到企业的要求？

（6）是否制订并展现了产品的升级计划？

2. 用户认可

走在街上，经常能听到诸如此类的对话："我前两天在某某超市买了个××，特别好用。""是吗，要真是那么好的话我也去买一个。"在这段非常普通的对话中，我们可以知道他们在谈论的这个产品已经获得了认可，正是因为认可产品，才会向他人推荐。在这个相互推荐的过程中，购买人数会渐渐增多，市场也变得越来越广阔。

通过上述情况，创业者了解到被用户认可的重要性，其实要做用户认可的产品并不困难，最重要的就是了解用户需求，在用户需求的基础上，做方便大众的产品。如果在商业计划书中表现出创业者的产品迎合了用户需求，获得了认可，那么从投资者的角度来看，这将会是一个很重要的加分项。

在这一部分，还可以用实际的销售数据和用户评价来表示产品受到用户的认可程度。下面以华为P9来举例。

华为公司通过网络销售平台的销售数据和用户评价来体现用户对产品的认可度。

在亚马逊网站中，华为P9曾是安卓手机中销量排行第一的手机，根据消费者对P9的评分来看，华为的这款手机取得了不错的成绩，3GB+64G版本和4GB+64GB版本分别达到了4.6和4.9的高分，位于整体排名的第十和第三。而且买家都给予了P9很高的评价，"这款手机无论从外形还是运行速度上都非常符合我的要求，用起来相当顺手。"

在京东平台中，P9的好评率依旧保持着稳定的态势，评论人数已经过万，其中98%的人都给出了好评，根据评论的内容来看，华为P9的徕卡双镜头、1200万的像素非常吸引消费者，使用后也获得了消费者的认可。

在商业计划书中的用户认可部分，就可以借鉴华为P9的例子，用实际的数据和用户真实的体验来使投资者信服。当创业者所生产的产品在用户需求和用户认可两个方面都能达到满意的等级层次时，企业的项目前途则不可限量。

5.3.3 行业分析，要突出理解和认知，忌简单罗列

本章对于行业、产品、市场三部分都做了介绍与分析，相信创业者从中吸收了很多东西，而本小节将为大家展示行业分析中的一些新的理解与认知，帮助大家拓宽思路，为创业者撰写商业计划书中关于行业及产品市场分析方面的内容提供帮助。

对于宏观市场上的各项信息与数据，相信各位资深投资人已经一清二楚。在融资中，市场规模大并不一定代表企业生产的产品就一定有市场需求，这不但和企业自身生产的产品的综合性价值有关系，还和市场上产品销售的均衡稳定性有关。

创业者在撰写商业计划书时，可以向投资者说明项目是针对用户哪方面的

需求运行的,产品可以帮助用户解决哪些问题,产品的哪些地方性价比高。也可以列出与竞争对手的数据对比分析,表明当前市场就是企业运行产品的机会。

  每个行业的发展都会受多方面因素的影响,创业者只有合理地运用自身资源,把握住时代与科技赋予的机遇,勇于尝试,努力前行。无论是企业还是产品都会得到良好的发展。在商业计划书中,创业者也要让这些内容得以体现。相信投资者看到创业者对于整体行业与市场了解得如此透彻,对产品也会更加看好,会增加投资意向。

第 6 章

产品规划：
发展战略＋营销计划

产品规划是指负责产品规划的人员通过对具体信息与数据的搜集分析，立足于拥有的资源，把握时代与科技带来的机遇，跟随行业发展趋势，制订出促进产品销售、壮大企业发展的整体计划。

产品规划有助于产品的适销，保障产品的销量，降低市场风险，增加获利机会，提高总体收益，提高企业的信誉度，树立良好的企业形象。那么，在商业计划书中，创业者如何向投资者展示本企业的规划比较好呢？

本章将从两个方面为创业者解析，如何在商业计划书中将产品规划方面的内容更好地传达给投资者，让投资者对产品及产品规划有信心，倾向于投资。

6.1 产品的发展战略

随着科技的不断发展，市场竞争日益激烈，企业若想获得发展，需要的不只是强大的资本与资源的支撑，还需要有先进的管理体制和适合企业产品的发展战略。创业者要在商业计划书中向投资者展示本企业产品拥有怎样先进、有价值、符合自身发展需求的发展战略。

单一的产品生产与销售，在当前市场经济中将大大限制企业的发展，影响产品的销量。企业也会受到各种外部因素的干扰，如地域的限制、季节因素、市场结构、行业营销模式等。在此种状况下，创业者应如何摆脱单一的生产与销售的模式，如何规避各种因素的干扰，如何突破自身的局限性，寻求产品的多元化发展，是需要创业者在商业计划书中向投资者说明的问题。

本节将针对这些问题为创业者提供一些思路，帮助创业者更好地理解产品的发展战略，以及在商业计划书中应该如何撰写。

6.1.1 项目执行战略

项目执行战略是指为了实现企业的目标而对项目进行规划，根据规划内容制定相应的战略战术，以此来促进企业的发展，获得高品质的收益。那么，在商业计划书中，创业者需要怎样撰写执行战略？下面用一个案例来为创业者说明项目执行战略。

郑先生是某家企业的营销经理，因为企业需要进行融资，所以他被要求撰写商业计划书中的执行战略部分。在商业计划书中，郑先生是这样对项目进行整体规划的：

早期，定期组织活动，例如年节大促、周年庆、会员生日优惠等，以推广产品，打响企业的知名度，提高影响力。

中期，投入资金开设多家实体门店，利用线上线下相结合的销售模式，为客户提供更加便捷、高效的服务，跟上新零售时代的步伐。

后期，关注客户的数量与质量，时刻掌握转化率、复购率等关键数据，注重宣传品牌，优化企业形象。通过个性化推荐让每一件产品都找到适合的客户，做到产品与客户的高度匹配，与此同时，借助各类电商平台达到提高流量的目的。

产品的执行战略是将产品划分为不同的类别，分门别类地做推广。主要有以下几种类型。

1. 主推产品

产品需要一个好口碑,所以需要根据不同的条件宣传不同的产品。可以将品牌中最具特色的产品作为代表,首位推荐,也可以采取做活动的方式吸引客户,让客户认识产品,进一步认可品牌。需要注意的是,主推产品代表的是企业与品牌形象,推荐时需谨慎。

2. 利润产品

利润产品就是赚钱类产品,首先,它的品质要有保障;其次是获得客户认可,产品回购率高。在客户购买完此类产品后,可以增加售后回访,询问客户使用感受。

3. 引流产品

顾名思义,引流产品是为了吸引客户而产生的。以销售服装为例,可以为服装配置一些鞋子、包包、腰带等,能卖出去是最好的,卖不出去也能为服装增加点缀。甚至一些购买量大的客户可以以赠品的方式让他们得些实惠。另外,还可以推出套餐模式,将滞销的产品以捆绑的方式销售出去,既增加利润又减少库存。

事实证明郑先生的执行战略还是比较不错的,一方面,让产品受到了更多客户的喜爱,企业的行业地位也比之前更加突出;另一方面,提升了商业计划书对投资者的吸引力。在规划过程中,郑先生摆正了心态,并不贪心地追求销量和暴利,而是追求口碑,做的是长线生意而不是赚取蝇头小利。

后来,郑先生还开设了相关培训课程,将自己的专业知识和实践经验相结合,向营销部门的其他员工讲解营销之道。在讲解过程中,郑先生简化理论,注重实操,为员工带来了有效的经营之法,受到了极为广泛的欢迎。

郑先生在商业计划书中展示的产品规划与项目执行战略,相信能够为创业者提供有价值的参考信息,也可以帮助创业者打开思路,为投资者呈现一份有吸引力的商业计划书。

6.1.2 项目合作方案

项目合作方案,存在于企业与企业或者企业内部各小组之间,对同一项目的权利、责任、义务等方面的事宜进行明确的规定，确保企业或个人都能参与到项目之中，为项目做贡献，并且做事有章可循，共同推进项目的进展。

有的创业者会觉得商业计划书中合作方案的撰写有一定难度，但其实是有一定套路的，下面就来看看商业计划书中合作方案具体包括哪些内容。

1. 背景描述

在合作方案的开始部分，需要对项目背景做个简单介绍，让投资者知道合作方是谁，项目将在什么时间以什么样的方式进行，最终将要达成什么样的目标，获得什么样的好处与影响。

对于背景的描述，可以迅速让投资者了解合作的大体流程，一开始就思路明确，有助于阅读后续合作方案。

2. 合作方式

如何让投资者更好地理解合作方式，下面以例子来说明。

两个大型家电企业，各有各的市场与资源，本是互不影响。但是在计划合作时，一方撰写了商业计划书，在产品规划方面的合作方案是这样规定的：一方企业拥有先进的隔绝噪音方面的技术；另一方企业拥有广阔的销售平台，双方可以资源共享。投入资金之后，企业能生产更加优质的家电产品，拓宽市场，促进销售，赢得更高的利润。

双方最终达成合作，共同创造更加优秀的产品，开创更宽广的市场，这就是一种合作方式。

3. 详细步骤

详细是相对来说的，并不是需要事无巨细地在计划书中描述，只要能让投资者看懂各部分应该怎么去做就可以了。

比如，"双十一"期间，某些企业希望推广自己的品牌，提高市场认知度，因此和一些微博、微信大号合作。企业负责出产品，而微信、微博大号负责人需要按照企业的要求发布某些内容、@某些号、参加某些话题、参与某些抽奖，以此调动粉丝的积极性，使其参与到活动中来。

这样简洁明确的表达就可以让投资者弄懂合作方案的实施步骤。

4. 分工明确

这一点可能会有和前面的内容重合的地方，这是不可避免的。因为合作方案要告诉投资者每个部分需要做什么，有什么前置条件、时间地点和方式方法的要求。而且要保证权责分明，即使未来出现一定的冲突与矛盾，也能很快地被解决。

5. 获得好处

合作方案的最后部分，一定要明确说明合作双方最终获得的好处。毕竟没有获益，谁会愿意去做？尽量将好处以罗列的方式展现出来，越多越好，越细节越好。好处作为新颖之处吸引投资者。更重要的是，知道对方想要的是什么，投其所好，最终促成投资。

以上五点就是计划书的项目合作方案部分需要包含的内容，创业者可以参考这些来撰写商业计划书，为投资者展现有价值的合作方案。

6.2 产品的营销计划

产品的营销计划是产品规划的核心部分，是将产品营销活动中的每一个环节都做一个规划，从而形成整体的规划。以此为项目标准，在未来执行营销计划的过程中，通过不断监督、修改和完善来纠正营销的主体方向。

商业计划书的产品营销计划需要保障营销活动的可行性、时效性以及基本价值。在降低企业风险损失的同时，提高产品的销量，还要为企业树立品牌形象、提升信誉值打下良好的基础。

那么，创业者应该如何撰写商业计划书的这部分内容？其实，可以通过三部分来分析产品的营销计划。这三部分组成了整体的营销计划，创业者必须把握住每个部分，无论是在设计、撰写、执行的时候都需要予以重视，因为营销对于产品的发展、企业的壮大有关键性意义。

6.2.1 产品销售代理系统

产品的营销计划离不开销售代理系统，销售代理是指产品的生产商把产品转交给他方销售，这个销售的整体环节就是销售代理系统。采取销售代理模式的创业者在商业计划书中要将本企业具备的销售代理系统完整地介绍给投资者，这种介绍需要简单地解释说明。销售代理系统可能包括经销商、代理商、专卖店、商场等。

经销商是指在某个地区或者某个领域只有他拥有产品的销售和服务的权利。经销商拥有独立的经营机构，拥有产品的所有权，可以采取多种经营方式同时经销很多种品牌。经销商不受产品生产方的限制与约束，最终获得经营利润。

代理商和经销商的概念截然不同，代理商并不买断企业的产品，产品归企业所有，代理商只是代为转卖，代理商一般只选择代理一个品牌，代理商代理产品受企业的限制与约束，企业最终支付代理佣金给代理商即可。

经销商和代理商两者之间存在着某种联系，代理商也可以是经销商，但是经销商不一定是代理商，两者之间最大的区别在于经销商拥有产品的所有权，代理商一般没有产品的所有权。

创业者在商业计划书中设计销售代理系统的时候，受以下几点因素的影响。

1. 企业的价值观念

企业设计自己的销售代理系统，需要展现出明确的价值观。企业的价值观念包括三个方面，分别是人力资源、管理制度和财务制度。

（1）人力资源，企业在商业计划书中要突出重视人才，重视与经销商和代理商的合作，尊重彼此之间的合作关系，不要有"有的是可以选择的商户"的想法，这样容易流失合作伙伴。人才的不稳定可能会造成销售网络的瘫痪，影响整体营销活动的进行。这些都是投资者不想看到的。

（2）管理制度，20世纪80年代依靠的是胆识，90年代依靠的是资本，21世纪依靠的是管理。企业需要向投资者展现自身拥有先进的销售管理系统，严格管理营销计划执行过程的连贯性、合理性、制度性、系统性。

（3）财务制度。企业在商业计划书中要展现健全的财务制度，每月的销售盈利与损益要有明确的数据，这样投资者才能分析出营销计划所产生的结果。

工资、报销、购物、招待都需要有明确的标准来约束和衡量。这样创业者才能知道企业需要从什么方面降低成本，转亏为盈。投资者也能看到创业者解决问题的诚意。

2. 发展规划

某商家在制订新的一年计划时，希望增加几个牌子的代理权，这样不但可以节约仓储、工资、差旅等费用，还可以增加部分利润。但实际上，仓库和业务增加不少，但是效益却没有增加多少。

由此可见，企业的发展规划应该分清主次，根据自己的经营状况，将自己主力经营的项目做大做强，切勿疯狂延伸，导致自己的主打产品市场影响力下降。很多知名企业的没落都由此而来。

3. 产品组合

创业者在商业计划书中安排销售代理系统中的商家代理时，最重要的就是要考虑各种产品之间的组合，这样在具体销售阶段才能够促进产品的销售，在特殊阶段也可以利用产品的互补性，调节销售速度，快速回笼资金。商家的产品组合越紧密，则运营能力越强，越能降低企业的成本，提高企业的效益。

综上所述，创业者在撰写商业计划书的时候，需要根据以上几点要素来设计规划销售代理系统，切勿盲目追求发展，导致因小失大。否则，投资者也不会看好产品的营销计划。

6.2.2 产品销售计划

产品的销售计划是产品营销计划中最重要的部分，一份有效的销售计划是对整体营销计划的保障，但销售计划并不是简单地将产品卖出去就可以了。产品市场风云变幻，创业者需要从宏观的角度去思考问题，把控全局，在商业计划书中为投资者展现适合企业自身且符合市场发展规律的销售计划。

产品销售计划的制订需要考虑几个方面的因素。

1. 产品的投放时间

产品生产出来之后，创业者需要把它投放到市场上进行销售。在此之前，公司需要做好前期的工作，公司需要对产品的上市投放时间做精准的预测，并通过商业计划书传达给投资者。

如果创业者不向投资者说明上市的时间，投资者会对此产生顾虑，万一创业者的产品在投资资金入账之后很长一段时间才开始投放市场，那么，这是否会影响到投资者最后的收益。为了打消投资者在这方面的顾虑，将产品的投放时间清晰地展示在计划书是非常必要的。

2. 产品的目标市场

在新产品投放市场之前，产品开发人员和市场策划人员应合理地选定、细分目标市场，以达到合理有效地投放的目的。选定目标市场是一项并不简单的工作，需要在前期对市场做大量的调研与分析，还要结合公司的具体情况，比如资金、规模、生产力等。

3. 产品的投放规模

产品的投放规模也是创业者要在商业计划书的产品规划方面展现给投资者的内容之一。若投放规模过大，产品就会有滞销的危险，规模过小，就可能错过产品的销售机会，影响产品的销售量。

出现哪一种情况，投资人都不会满意，所以公司在制定计划书之前应该根据市场、公司生产力、产品需求情况来确定产品的投放规模。这一部分的介绍并不复杂，只要记住两个问题就可以：

（1）产品的投放规模是怎样的？

（2）公司确定这个规模的依据是什么？

公司为了使产品投放规模的设计更加合理，会在前期进行多方面的调查工作，根据这个调查结果确定出来的产品投放规模是最合理的。由于前期的工作比较烦琐、复杂，所以要想全部展示在计划书中是比较困难的，所以，第二个问题可以简略地展示出来，或者是在介绍的时候由介绍人直接说明。至于选择哪种方式，各公司可以根据实际情况自己决定。

4. 产品投放的方式

产品投放的方式涉及的点比较多，比如产品的销售渠道，是选择实体销售还是电商方式，或者两者相结合；产品的划分，产品以何种形式销售出去，是单品单卖还是套餐组合，抑或是自由搭配等；销售活动的组织，以什么题材来进行销售活动，顾客将以什么方式参与活动，在活动中会获得什么样的优惠，企业举办活动会获得何种收益。

创业者在计划书中要找准适合企业的方式进行产品投放的设计，切勿盲目将产品投放市场，否则可能会造成不良后果。

5. 产品市场份额提升

在选择投资对象时，投资者是不会允许自己投资的产品在市场上所占的份额一直是一个定值。如果很长时间都没有提升，就意味着他们的收益在这段时间不会出现大幅度的增长。产品的市场份额没有提升，也不利于公司的发展和盈利。因此，在设计销售计划时，要把市场份额的提升考虑进去。

创业者在制订销售计划时可以参考以上五点，但是需要注意的是，在做销售计划时，需要根据产品和市场的情况来定，目标要合理，不能为了获得投资而过分夸大这个目标。

6.2.3 售后服务策略

售后服务是指产品销售出去以后，企业所提供的各种服务，它本身可以是销售的一种手段。

随着人们生活水平的不断提高，对于产品的质量以及性能要求越来越高，对于企业所提供的售后服务也越来越看重。售后服务策略是营销计划的最后一环，是营销计划必不可少的一部分。创业者在进行营销计划设计的时候需要予以重视。

以著名的"海尔品牌"为例。海尔集团是全球知名家电品牌，市场占有率高，利润率也在不断增长。海尔在商业计划书中制订的营销计划，不但针对不同的市场生产不同的产品，运用符合市场发展要求的销售方式，而且注重售后服务，设计建立专业的售后服务团队，保障客户在商品的后期使用中产生的任何问题都能迅速得到妥善解决。

这样以目标市场和目标客户为出发点制订的产品营销计划，怎么会不得到投资者的重视，怎么会不让消费者感到满意？

上述案例可以看出，注重售后服务有助于企业营销计划的成功和企业自身的发展壮大。下面从三个方面介绍一下售后服务策略需要包含的内容，为创业者提供一些思路。

1. 服务内容

（1）负责产品的安装、调试，保障产品的正常使用。

（2）根据消费者的需要，教会消费者产品的使用方法。

（3）负责产品的维修，以及定期的保养。

（4）对消费者提供电话或上门回访。

（5）对产品实行"包修、包换、包退"的业务。

（6）解答消费者的问题咨询，接受消费者提出的意见与建议，并且辨别有益部分用于完善产品。

2. 服务要点

（1）耐心聆听客户的意见与建议，从交流中准确地提炼客户的用意，对于出现的某些问题勇于认错，不要一再辩解。

（2）对于常出现的易解决的问题，积极主动地为客户提供解决办法，对于很少出现且不易解决的问题，耐心引导客户，请客户提供相应对策以及处理意见。

（3）通过售后服务提高企业形象，提高客户满意度。

3. 服务工具

（1）在线信息化售后服务。将客户提交的请求以工单的形式转交给服务人员，由服务人员针对请求进行受理，然后有根据地指派。任何有效的请求都不要疏漏，这能体现企业售后服务的专业化。

（2）自定义的业务流程。这个流程满足一般性业务需要，分配、服务、管理都遵循这个流程，降低了人工成本，体现了售后服务的专业性、先进性。

（3）提供不同等级的售后服务。让任何客户的请求都能在特定时间和情况下顺利完成。对不同等级的客户请求，采取不同等级的售后服务，这降低了彼此等候的时间，提高了服务的效率。

（4）归档售后服务工单。将所有的售后服务请求的工单进行分类归档，以备日后查询、追踪、跟进，同时避免了售后服务人员因疏漏造成的服务不当，这种方式可以提高服务人员的总体业务水平。

（5）售后满意度调查。为客户提供售后满意度评价，并对评价予以分析，便于企业记录有效的服务内容与流程，以及售后服务的效果。通过统计与分析，更好地掌握客户的心理，便于今后企业生产与销售产品，完善服务质量。

以上三个方面是售后服务策略需要包含的内容，创业者可以根据提供的有效信息，结合自身企业的具体情况撰写商业计划书。需要注意的是，售后服务的目标是客户，所以一切要以客户为主，从客户的角度思考问题并运用先进的技术和科学的流程，展现企业售后服务的专业性和规范性。

6.3 产品规划中应注意的问题

在产品规划中，常常会因为每个创业者看问题的角度不同，而对某些点有疏漏。本节希望帮助创业者找到商业计划书中产品规划的疏漏所在，并加以解决。

产品规划中需要注意的问题来自三个方面。

（1）创业者在产品规划中总是一再强调自己产品的外观如何好、性能如何优秀，而缺乏对产品未来发展方向的描述，要知道投资者关注的是长远打算。

（2）规划的步骤需要完整、清晰，不要想起来哪个方面介绍哪个方面，这容易给投资者一种东拼西凑的感觉。

（3）在产品规划过程中需要融入数据与图表。要知道创业者的千言万语，不如一份具体数据为投资者带来的信息多。相比于创业者生动形象的描述，投资者更喜欢通过数据与图表确定创业者的介绍与观点的价值，从而信任投资者，做出投资决策。

下面将以论述加案例相结合的方式为创业者解答如何避免上述三大问题。

6.3.1 不是对产品的描述，而是未来怎么做

在商业计划书的产品规划方面，不要过多地进行产品描述，那是产品介绍部分的内容，产品规划更多的是对产品未来的发展进行规划。

投资者也并不想过多了解产品是怎样的，创业者只要在产品介绍方面用文字、图片，甚至视频表达清楚即可。投资者需要看到的是未来产品的发展，会有怎样的市场占有率，会为企业带来怎样的收益。这些都是在产品规划方面应该展示给投资者的信息与数据。

在产品规划方面，创业者只要把握好产品自身的发展与营销两个方面就可以。对这两方面进行深度剖析，让投资者看到企业的产品在执行发展战略方面的独特、先进之处；在项目合作方案方面权责分明、完整清晰。

商业计划书中的产品规划部分要让投资者看到营销计划的整体价值，其中包括销售代理体系的完整、销售计划的有效、售后服策略的专业与规范。

在未来，企业应该是拥有先进的技术且不断创新，研发更加有价值的产品，企业的规模不断扩大，产品的市场占有率不断增加，企业自身与投资者都能够获得相应的利润。但是在计划书产品规划方面的展示中切忌几个重点问题。

1. 不要只谈需要钱和造平台

在产品规划方面，不要总是提及需要投资者投资多少钱，企业项目会有怎样的平台保驾护航，等等。

首先，即使投资人投资大量的资金，创业者也不大可能再造就一个百度或者

一个苹果；其次，平台不是搭出来的，上下游的行业没有好处是不会为企业服务的，吸引上下游行业是需要有充分的理由和时机。

2. 不要谈市场大和没有对手

每一位创业者都认为自己的产品非常优秀，在商业计划书的产品规划方面对产品投入市场信心满满，认为自己的产品价值很高，市场占有率很大，并且拥有先进的技术，没有什么竞争对手可以与之抗衡。

但是人外有人天外有天，创业者自己没发现不代表真的没有对手。在商业计划书中还是尽量少提及类似"产品独一无二""产品可以改变世界"这些观点。投资者的眼界比较广，见过的奇葩人与事也多，这些放在商业计划书中会成为减分的因素。

3. 不要兜圈子、谈情怀

每一位投资者都会很认真地对待一个有潜力的项目，他们犯错误多半是在投资后的风险管理，而不是投资时的分析判断。所以创业者在撰写产品规划时要尽量契合实际，直入主题，不要兜圈子、说太多大话空话，不要向投资者谈情怀或者赌咒发誓，因为投资者多半会选择锦上添花的投资，而不会投资没有价值的产品。

6.3.2 规划步骤要完整、清晰

撰写商业计划书的产品规划部分需要注意：步骤一定要清晰完整。

首先，要包含产品规划的全部内容，这份商业计划书的产品规划既是给投资者看的，也是给企业自身以及合作伙伴看的，所以内容一定要完整，不能有疏漏。这样无论是在介绍时，还是在执行时，都能有依据。

其次，在表现形式上一定要简洁，要展现产品规划的重点内容。投资者是根据重点内容进行分析判断的；注意表达的形式，表达形式越有特点，投资者越容易理解，印象越深刻；文字需要具有感染力，吸引投资者看完完整的产品规划。

最后，产品规划要凸显出重点与亮点，重点与亮点是点睛之笔；用简洁、清晰的语言，控制文字量，文字太多会让投资者感到疲劳；语言要有逻辑性，逻辑性可以让投资者感觉有道理，甚至读起来朗朗上口。

在撰写商业计划书的产品规划部分，还有几点注意事项。

1. 不要强调细节

很多创业者担心投资者不了解自己的产品，不清楚自己的规划，所以在商业计划书的产品规划部分对各方面内容都描述得很详细。

产品规划需要涵盖所有内容，但并不是要强调细节，也不是字数越多越好。用简洁的语言，突出重点的方式，更能显示出创业者对产品本身以及未来规划很了解。

2. 不要过分修饰

如果投资者拿到一份商业计划书，看到产品策划部分的排版很漂亮，但是内容空洞，理由牵强附会，这会给投资者华而不实的感觉。

创业者撰写产品规划部分，并不需要过分美化修饰，只需要认真梳理内容，找到产品规划的重心，用心去展示即可。切不可本末倒置，让投资者看后感到云里雾里、不清晰，最终放弃投资。

3. 不要晦涩难懂

商业计划书尽量以普通人的口吻来写，不要太过专业。毕竟不是每个投资者都对创业者所涉及的项目了解甚深，所以创业者的商业计划书要保障外行的投资者也能轻松看懂，足够了解才能让投资者倾向于投资。

在撰写商业计划书时需要避免使用术语与缩写来描述产品的规划，如果在某些避免不了的地方使用时，后面要加解释，便于投资者阅读与理解。

6.3.3 融入数据、图表

商业计划书的内容需要简单明了，如果太过刻板，效果也不好。在产品规划方面仅用文字来描述未免有一些单调，如果能适当加一些数据与图表，或许能更直观地给投资者一些暗示，告诉投资者产品规划的可行性。但是使用数据与图表也是有一定规则的,下面来为创业者讲一讲这些规则。

1. 用图表的规则

几乎所有与数据有关的工作都离不开图表,商业计划书的数据信息自然也是这样。制作图表已经成为新时代工作者必备的一项技能,创业者不但要会制作图表,还要懂得使用图表,而后者在撰写商业计划书的过程中更加重要。

其实,在商业计划书中运用图表并不难,像那些数量大、种类多的数据就应该使用图表,创业者要将这些数据整理好、汇总在图表中。

在运用图表的时候应该注意各项内容与数据之间的合理搭配,一般是将内容放在左边,右边是按照顺序排列的各年份数据,如表6-1所示。

表 6-1　商业计划书表格实例　　　　　　　（单位:万元）

	2014年	2015年	2016年	2017年	2018年
收费会员服务产生的现金流	400	420	441	463.1	486.2
短信服务产生的现金流	400.0	420	441	463.6	486.2
企业用户产生的现金流	400	440	484	532.4	585.6
支付给员工的工资	60	67	74	82.6	91.4
支付研发费用	230	240	250.8	262.3	274.8
购置设备所需要的投资	100	110	121	133.1	146.4
广告业务产生的现金流	0	0	0	0	0
管理费用	20	20	20	20	20
吸收权益性投资收到的现金	200	200	200	200	200
公司收购一家SP公司的投资	400	400	200	200	0
营业外支出	2	2	2	2	2

通过上述实例可以知道，在使用图表时，数据内容的数量不应该太多，只需要把可以代表某类内容的典型数据列出来即可。还要注意的是，制作图表时要仔细核对各项数据，避免出现错误。

2. 用数据的规则

除了图表，还有数据图的运用，数据图包括饼状图、折线图、柱状图等多种类型。数量比较少的数据一般使用数据图，与图表相比的优势在于，它可以将数据变化的趋势直观地展示出来。

以收益预期来说，图表可以将各个年份的数据表示出来，但是不能直接看出变化的幅度，而数据图可以让投资人直观地看出各年的变化幅度，能更好地展示公司的发展情况，如图6-1所示。

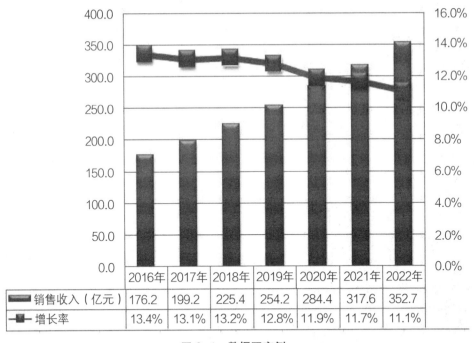

图 6-1　数据图实例

图6-1的数据图是将柱状图和折线图结合到一起，能更加清晰地看到销售收入各年增长的情况，投资人一般都比较喜欢这样的数据图。所以，为了投其所好，这种表达方式在各个公司的商业计划书中已经越来越普遍。

在商业计划书的产品规划中融入数据与图表还需要注意，千万不要生搬硬套市场数据，除非这个行业很新或者市场数据极为符合创业者自己的见解分析，否则为了数据而用数据，会有反作用。

第 7 章

竞争对手分析：
类型＋关键点＋注意点

分析竞争对手的好处是，可以比较双方的优劣势，找到突破的方法。古语有云，"知己知彼，百战不殆。"投资者投资企业是要获得收益，这不仅与企业的发展有关系，也和竞争对手的强弱变换有很大关系。

创业者在撰写商业计划书时不能忽略这方面，或者只是随意提几个同行业企业便草草了事，这种浅显的分析很难获得投资者的信任。要知道，投资者是可以通过创业者对竞争对手的分析来判断项目的发展前景、预测企业的收益的。

本章将对竞争对手分析有一个明确的介绍，主要从竞争对手的类型、做竞争对手分析的关键点以及需要注意的方面进行讲解，帮助创业者在竞争对手分析方面赢得投资者的青睐。

7.1 竞争对手的类型

有的企业认为自己独树一帜，没有竞争对手，这基本是不可能的，只有过于细分或者没有发展空间的行业才会缺少竞争对手。

创业者需要在商业计划书中将竞争对手有条理地罗列出来，

分析各自的侧重点，将业务的发展方向描述清楚，让投资者通过这些了解企业处于一个怎样的竞争环境中，企业的立足点是什么，产品的差异是什么，企业的优势是什么等。

下面为创业者讲解竞争对手的类型，以及面对各类型竞争对手的注意事项。帮助创业者找到竞争市场及竞争对手，在商业计划书中撰写合理的竞争对手分析，给投资者一份满意的答卷。

7.1.1 直接竞争对手

直接竞争对手是指与创业者的企业生产或经营同一类型或品种的产品或服务的企业，并且与创业者的企业有着明确的、相同的目标市场和客户群体，甚至运营模式，和企业是一种正面的竞争关系。

企业可以通过行业细分来确定企业的直接竞争对手。行业细分不但可以确定企业的竞争对手和竞争范围，还可以帮助创业者准确定位企业在行业中所处的地位，使企业立足于自身情况，发展优势、隐藏弱势、规避风险。

例如，支付宝的发展改变了人们的消费模式。他的创始人马云曾经说过，"如果银行不改变，就让支付宝帮助银行改变。"支付宝的出现一度让银行很头疼，但是支付宝的直接竞争对手却不是银行，而是微信。微信拥有微信支付，微信支付存在于微信社交功能中。支付宝本来比微信早运行十年，但是支付宝的用户只有3亿，而微信的用户已超过9亿。而且微信实现了简单快捷的支付，很多功能都是深思熟虑才加入的。而支付宝的产品逻辑越来越复杂，由于加入了许多功能，产品越来越繁重。但是支付宝也有先发制人的优势，不但发展相较于微信来说更完善，而且安全性高，又有淘宝等电商的强有力支持，底气显得更足一些。

在金融产品方面，支付宝推出了蚂蚁花呗和蚂蚁借呗，微信推出了微粒贷。面对微信的竞争姿态，支付宝感到了压力。双方目前还处于明显的竞争状态。

由此可见，找到正确的直接竞争对手，对企业的发展至关重要。创业者在撰写商业计划书时需要了解找到直接竞争对手的方法，不可以从一开始就偏离了正确的轨迹。当然，创业者不能只是找到企业的直接竞争对手，还要找到面对直接竞争对手的办法。这些在商业计划书中都要有所体现。

这样不但可以发展企业自身的优势，还能避免劣势的过分暴露，规避在竞争市场中会遇到的风险，促进企业的可持续发展。这些也是投资者希望看到的。

7.1.2 间接竞争对手

间接竞争对手一般是指一个企业的上下游公司，或者是与企业基础水平有一定差异的同类型企业和可以生产替代类产品的企业。这些间接竞争对手一般与创业者的企业有相同或者相似的目标市场和客户群体，但是销售的产品有所不同。间接对手主要表现在各企业之间的产品或者服务具有差异或者可以替代的地方。间接竞争也可能源于新老产品的更替。

例如，笔记本电脑和平板电脑对于台式电脑的替代，一间法式餐厅和日韩料理餐厅之间的关系都体现于此。间接竞争对手可能容易被忽视，因此在某些方面具有一定的威胁性，需要各企业予以注意。

欧赛斯是一家品牌咨询公司，服务过一家五谷粉品牌，并对这个品牌进行了深度调研。调查研究表明，对这家五谷粉品牌来说，最直观的间接竞争对手就是市场的五谷杂粮店。于是，在欧赛斯的帮助下，创业者撰写了一份商业计划书，其中对于间接竞争对手的分析是这样写的。

本企业的间接竞争对手是五谷杂粮店，它的优势有以下两点。

（1）距离优势。五谷杂粮店一般存在于蔬菜水果市场中，离家很近，购买十分方便。

（2）品种类别。店里的杂粮品种齐全，可以由顾客随意搭配。且杂粮产品除了可以熬粥食用，还可以免费磨成粉状，便于充水饮用。

如何与市场上的五谷杂粮店相抗衡成了这家企业所面临的问题。根据欧赛斯调查研究，企业决定确立优质、易吸收、科学搭配的诉求点，具体内容如下。

（1）品质良好。主要传播企业的品牌杂粮选用的五谷品质优良有保障，健康、安全易于中老年人和儿童吸收，并且提供了一些科学搭配的菜单，消费者可以根据需要进行选择。

（2）举办活动。品牌适时安排促销活动，对部分产品进行降价促销或者赠送赠品等方式，让新老顾客更加实惠地尝试品牌产品。毕竟相比于杂粮店，在价格差距不大的时候，消费者更倾向于品牌产品。

最终，切身的体验能让消费者对产品产生认知与认同。不但可以增加产品后期的销量，还可以提高品牌的知名度，开拓目标市场与客户群体。

由此可见，对于间接对手的认知是很重要的。创业者在撰写商业计划书时，不但需要准确地找到企业的间接竞争对手，明确写进计划书，而且需要找到企业与竞争对手之间的差距，并制订相应的战略计划予以应对，以获取有利的战略优势。

最好在商业计划书的最后，明确实施战略计划的便利条件以及对于未来发展的好处，让投资者一目了然，从而增加投资者对项目与间接对手的了解，使投资者对创业者的项目更加有信心。

7.1.3 潜在竞争对手

潜在竞争对手是指在一定时期内对企业的项目构不成威胁，但在未来具有潜在威胁的竞争对手。潜在竞争对手对企业的威胁程度与企业的反应程度是相对应的。这种威胁体现在经济规模、分销渠道、政府政策、品牌价值等各方面。

创业者在商业计划书中除了要介绍企业的直接竞争对手和间接竞争对手，还要介绍潜在竞争对手。因为潜在竞争对手在获取大量目标市场的信息之后，很可能选择进入这个行业，创业者要向投资者展示自身企业随时准备迎接新的竞争对手。

例如，港丰投资顾问有限公司是一家负责海外公司注册、商标申请、投资移民等业务的公司。在同行业的产品中，它的优势是价格相对便宜、服务相对完善、性价比较高。

经过分析研究，该公司的商业计划书中明确介绍了来自3个方面的潜在竞争对手。

（1）负责国内企业代理记账的公司。对于这种潜在的竞争对手，必要时可以进行合作，因为他们负责的国内企业也有可能需要开拓海外业务，两个企业可以在相辅相成中共赢发展。但这种企业发展到一定程度时，说不定也会开设海外业务，成为港丰投资的直接竞争对手，产生大量威胁，不得不防。

（2）为企业提供贸易服务平台的公司。现在这种服务平台随着发展越来越健全，服务也越来越完善。例如，"阿里巴巴"和"亚马逊"，它们在为客户提供海外电商平台的同时，也负责海外公司的注册与账户的开设。某些时候可能会抢占港丰投资的目标客户，这需要予以重视。

（3）其他潜在竞争对手。这包括一些办理留学的教育机构，虽然这类企业算是港丰投资的潜在竞争对手，但是相比于竞争，合作共赢的机会更多一些。或者是一些开设海外个人账户的企业需求，因为开拓海外生意，仅需要一个海外账户即可，因此这类企业的需求在一定意义上降低了港丰投资的业务机会。

上述几种就是港丰投资在商业计划书中介绍的潜在竞争对手的类型。港丰投资需要有针对性地设计策略，对于能共赢发展的企业需要好好利用，对于潜在竞争危机的方面，要尽早想好应对方案，规避风险。

综上所述，潜在竞争对手的竞争力度虽然不如直接竞争对手和潜在竞争对手，但是也不能放任自流。创业者在撰写商业计划书的时候，确保竞争对手分析的完整性和科学性，也能避免和防范未来竞争问题的发生。

7.2 竞争对手分析的4个关键点

商业计划书中关于竞争对手的分析，创业者需要注意：不要有回避态度，顾左右而言他，也不要表现出"前无古人后无来者"的想法，这会让投资者产生质疑。同行业的企业无论有多少，无论多么优秀都不足为惧，重点是创业者能否对自身企业有正确的认知，对整个行业有清晰的了解。

本小节将对竞争对手分析的关键点予以重点解析，帮助创业者明确竞争对手分析的重要性，以及应该从哪些方面进行分析。在撰写商业计划书时，需要从四个方面来阐述竞争对手分析，可以了解竞争的发展方向和整体态势。这对于企业合理运用自身优势、促进企业的可持续发展具有积极意义。

7.2.1 核心竞争力分析

关于核心竞争力，一般是指企业所具有的核心优势，也就是企业有什么与众不同的地方。投资者为创业者投资，创业者又有什么亮点可以吸引投资者？某些项目并不在于它有多么伟大，而是在于创业者比其他企业做得更好，更有发展前景。

创业者在撰写商业计划书时可以从以下几方面入手进行核心竞争力分析。

1. 市场占有率

市场占有率是衡量产品市场情况的重要指标，而产品市场情况又是投资者判断产品市场竞争力的一个因素，所以这部分是要在商业计划书中说明的。市场占有率是通过市场需求体现的，所谓市场需求是指目标客户对企业的产品具有购买意愿。影响市场需求的因素主要有：消费者偏好、收入情况，产品及其替代品和互补品的价格，其他因素（产品质量、宣传情况、政策等）。

2. 销售渠道

销售渠道在产品竞争中也是非常重要的环节，产品的销售渠道多，销售量就会相应增加。要想把握市场竞争的主动权，就要积极拓宽销售渠道，像美的、格力等大公司，销售渠道都是多元的。

创业者需要向投资者展示，已经选择的销售渠道不但加快了产品到达消费者手中的速度，还形成了提高产品销售量、加快资金运转以及减少流动消耗的良性循环，让投资者认可企业销售渠道的设计。

3. 产品推广

产品推广在很大程度上会影响产品的销量。随着科技的发展，推广的方式也日新月异，各企业为了提高自己的竞争优势，采用各种各样的推广方式，让更多的消费者了解企业的产品。

创业者要将自己拥有的先进、有效的推广方式展现在商业计划书中，这样不但对产品的销售有所帮助，还对扩大企业的知名度、提升企业的形象与信誉度具有深远意义，并且能让投资者看到企业所拥有的营销实力，使其更加愿意加入创业者的企业中。

4. 价格优势

在竞争对手分析的产品竞争介绍中，价格优势是最重要的法宝。在同类商品中，创业者的产品如果价格低廉，竞争力会大大提升。现在不少公司都把低价战略纳入公司的战略体系之中，像小米手机就是依靠亲民的价格受到消费者的喜爱，提升了自己的产品竞争力。

创业者需要注意，虽然价格低廉，但是如果产品质量没有保障，也是不能得到广大消费者认可的，在这方面创业者还是需要把握好尺度。

5. 技术壁垒

企业投入资金进行研发，创造出先进的技术，使产品无法被其他企业轻易复制，提升了行业壁垒，促进了企业的可持续发展。这在一定程度上，奠定了企业在行业中不可超越的地位，增强了企业的品牌优势。在商业计划书中，关于企业拥有和研发的先进技术可以多多提及。

科技是在不断进步的，企业在某一时期拥有的先进技术未必可以保障永远具有优势。因此，创业者要向投资者展示本企业勇于接受市场竞争与消费者需求的挑战，不断探索创新，保障产品的先进性与技术含量。

6. 自动化、规模化

随着现代科技的不断发展，自动化已经成为一个大趋势，在农业、工业、医疗、科研等方面都得到广泛应用。使用自动化生产的公司在一定程度上代表着高效率、现代化，这都是吸引投资者的重要因素。

自动化也能体现出创业者公司技术的革新，一个公司要是一直故步自封，很难有长远的发展，投资者并不看好这样的公司。其实，发展公司和产品的自动化、规模化不只是为了获得投资，也是为了公司的发展。

如果创业者有自动化、规模化的优势，就要在商业计划书中体现出来。这样的竞争力分析更能成功地吸引到投资者。

商业计划书中的核心竞争力分析部分，创业者应该从以上六个方面来进行分析，因为首因效应的影响，应该首先介绍优势最大的部分，然后依次类推，将优势全部展示出来。展示的优势越多，产品的竞争力就越大，就越能获得投资人的青睐。

7.2.2 渠道优势分析

渠道优势并不是一种稳定的优势，因此不可以把它当作核心竞争力。因为渠道是第三方提供的，企业可以使用，别人同样也可以效仿使用。明星的创业、企业的转型、亲友提供的资源都会成为渠道优势的一部分。

创业者需要在商业计划书中向投资者展示企业拥有适合自身的渠道，不但可以加快产品到达消费者手中的速度，还可以提高产品销售量，从而加快资金运转，形成减少流动消耗的良性循环。如果创业者想要将自己的产品顺利并且快速地销售出去，就应该选择一个适合的渠道。

计划书中关于竞争对手的渠道优势分析分为四部分。

1. 分析渠道形势

渠道形势的分析是对自身企业与竞争对手在成本变动、市场覆盖等方面的差别进行分析研究。很多创业者对于本企业的产品在价格、存货、收益、周转等方面了如指掌,但是对于竞争对手的情况知之甚少,而且很多时候都是一种想当然的态度。这样无法获得投资者的信任。

因此,创业者在撰写商业计划书的竞争对手分析时,不但要明确自身优势,还要写清竞争对手所运用的渠道种类和各渠道所占市场份额。然后将竞争对手的数据与企业自身数据作对比,找到各渠道获取利润的能力,掌握各渠道的增长速度与市场占有率。创业者将这些展示给投资者,更有可能获得投资。

2. 设计渠道模式

创业者在商业计划书中需要对渠道模式进行设计,渠道模式的设计要建立在市场调查研究的基础上的。

(1)渠道为项目提供的价值。这种价值是从顾客的角度出发,考虑客户的需求,这需要在项目中作出权衡,了解各渠道在项目中的费用差别。客户的需求主要包括:产品的质量、特色、服务,购买的方式是否便利,拿到产品的时效性等。

(2)细分客户。不同的客户对于产品的认知度不同,这取决于他们的需求和购买能力。如果产品对应的目标客户之间差异较大,创业者可以根据特定类型在商业计划书中对客户进行细分,为每一种类型的客户提供优质的服务。如果现有渠道无法满足客户,就需要在商业计划书中向投资者展示企业为客户开辟的新渠道,以此来为不同类型的客户服务。

3. 确保渠道决策的经济性

在对不同渠道进行比较研究时,创业者需要从成本和收入入手撰写商业计划书。

(1)成本。当中间商之间存在竞争关系,渠道的成本优势就有明显的体现。当企业可以在中间商之间作选择时,中间商就无法获得超额利润,但是某些情况下,中间商较少,为了防止出现垄断行为造成的不合理现象,企业可以考虑通过产销一体化的方式来实现目标。

（2）收入。对于渠道的比较分析也体现在收入方面，这主要考虑两点因素，一点是产品与目标客户的接触程度，某些区域的产品存在没有充分接触客户的情况；另一点是产品与目标客户接触之后的效果，这方面需要依靠专业的销售人员来完成。

4. 考虑战略适应性和可行性

创业者在撰写商业计划书时，战略适应性和可行性渠道战略的决策是在考虑诸多因素的基础上制定出来的，因此渠道需要在各种特定的条件下实施。

（1）战略适应性。理想的渠道战略会对总体战略有推进作用，使企业的项目达到预期目标。有时为了满足市场的增长目标，不得不采用复合型竞争渠道，但是这些间接渠道可能会提供劣质的服务，影响企业的发展目标。创业者在这方面要予以重视，必要时可以从间接渠道抽身而出，建立自有的直接渠道，确保企业目标的最终实现。

（2）战略可行性。在渠道战略中，还需要考虑各方面的限制因素，这包括企业目标的限制、各方面资源条件的限制以及是否拥有合适的中间商的限制。

（3）长期适应性。由于市场是不断变换的，渠道也要确保其灵活性和对新技术的适应性。在向投资者展示之前，企业需要检查商业计划书的这部分内容，确保向投资者展示有价值的服务。

综上所述，创业者在撰写商业计划书时，需要结合以上内容对渠道优势进行分析。先是进行调查研究，再制订属于企业的渠道计划，最后与其他企业进行比较，并确保企业的渠道计划可靠、向投资者展示的计划书是有价值的。

7.2.3 差异化分析

差异化一般是指产品的差异化，产品的差异化是企业在竞争活动中获胜的关键，具体是指产品的质量、性能、服务、消费者偏好等方面的差异，这种差异是产品无法完全被取代的根本原因。

产品的差异化重点体现在价格、技术、功能、文化等方面对消费者的影响。

创业者可以重点撰写企业具有其他竞争对手无法进入的竞争壁垒，能够避免其他竞争对手有替代品的威胁，拥有很强的商谈价格的能力。

产品的差异化程度越高，产品的涨价可能性越高，降价可能性越低。价格与边际成本差额越大，企业的收益越高，越具有垄断能力。

创业者可以根据以下几点制定产品的差异化策略。

1. R&D策略

R&D策略是指从事科研与试验发展活动所必需的人力、物力、财力等。创业者若想让产品区别于其他企业，就需要投入大量的资源，致力于技术的创新、产品的研发，向投资者展示企业有效的竞争优势。

2. 促销策略

对于购买次数不多的产品，大部分消费者无法了解其质量与性能。大多数情况下，消费者都是通过广告宣传、促销活动、产品包装等方式了解产品。创业者可以在商业计划书中合理地设计这些方式来推销自己的产品。

3. 服务策略

当今社会，企业卖的不仅是产品，还有服务。优质的服务可以提高产品的销售效率，满足消费者的需求。而事实上，大部分消费者不但愿意接受优质服务，还愿意提供积极的建议，帮助企业不断完善服务策略。在撰写商业计划书时，可以多关注这方面的客户信息，保障服务策略与客户需求的贴合度。

某国产手机的案例。当今社会科技不断发展，人们的生活水平不断提高，对于手机的需求越来越普遍。很多企业抓住商机，抢占国内手机市场，希望能尽早分得一杯羹。而随着生产手机的企业越来越多，各个企业只有通过走差异化的路线来实现产品的目标。

某企业想进入国产手机市场，他在商业计划书中进行了这样的竞争对手差异化分析。

（1）机型差别化。根据市场调查，企业抓住了国人的心理，生产出一款符合国人审美的手机产品。这款手机虽然在性能方面与国外某些品牌不能相提并论,但是价格、质量、款式都符合国内人士的购买偏好。

（2）功能差异化。手机智能化已经是如今手机发展的一大趋势,随着苹果手机的问世,手机客户端应用与移动互联网得到了普及化的发展。

本企业手机投入大量资源,研制出更加先进的符合科技潮流的触屏手机,并且不断更新其内存、性能。很多竞争对手企业没能跟上时代的步伐,可能会走上被其他企业兼并甚至倒闭破产之路。而本企业则会抓住商机壮大企业规模。

（3）营销的产品化差异。同样是国产手机,高配低价的小米手机一经问世就被消费者追捧,基本不用做广告就被消费者认可并选择购买。小米手机运用的是饥饿营销的方式,主要体现在以下几个方面。

① 营销方式的不同。小米手机是纯网络销售,只接受网络订单,未必有现货。

② 产业链不同。小米手机使用的是安卓系统,生产加工由第三方代劳。小米手机是轻资产运作,整合好供应链、运营好品牌就可以。

高配低价的小米手机可能拥有购买难度,然而越是不好购买,某些消费者越想购买,这为小米手机带来了机会。

本企业虽然无法完全效仿小米手机的模式,但是可以借鉴部分有价值的内容。

创业者在撰写商业计划书时,可以结合以上几点撰写竞争对手的差异化分析,可能会让投资者眼前一亮。找到企业的差异化优势就等同于抓住了商机,所以这一点在商业计划书中要详细表述。

7.2.4 竞争壁垒分析

竞争壁垒是阻止或者限制其他企业进入创业者所在行业的障碍,可以有效减少整个行业的竞争。行业壁垒越明显,市场的垄断能力越强,其他公司就越难进入。这就可以理解,为什么投资者想要看到创业者的企业拥有可以提升竞争壁垒的产品。

提升竞争壁垒的产品一定是有特别的优势，消费者的某种需求只能通过购买这类产品获得。当人们的这种需求被满足之后，就会有更高层次的需求，这时一个新的产品要想进入这个行业就得有更强的实力。

那么，这个产品就可以说是提升了竞争壁垒，因为它提高了新产品进入行业的标准，就像苹果手机自己独有的系统。苹果系统运行速度快是众所周知的，人们对手机运行速度的要求已经被苹果系统满足，所以当其他手机也想要进入市场时，就必须要有能与苹果系统相比的速度，这加大了其他手机进入智能手机行业的难度，苹果手机在无形中为自己剔除了不少竞争对手，扩大了自己的市场。

通过此例可以知道，提升了竞争壁垒的产品面对的市场更加广阔，竞争压力也要小得多，也就意味着创业者可以在本行业获得较好的利益。投资者会被这样的产品吸引。

如果创业者的产品真的提升了竞争壁垒，就可以在商业计划书中体现出来，重点描述产品以何种优势提升了竞争壁垒。比如，"经过公司研发部门的不懈努力，我们的产品在人脸识别准确度上已经达到了顶尖的水平，还没有其他公司能超过我们，在未来我们还会继续努力，研发出更多的顶尖技术。"

在向投资者展示产品提升竞争壁垒时，不要直接说创业者的产品提升了竞争壁垒，那样会显得很不真实，应该像上述例子一样把优于其他产品的优势展示出来，投资者可以通过这些内容来判断产品的壁垒情况。

如果产品没有提升竞争壁垒，那就将这部分舍弃，不要在商业计划书中体现。这虽然是一个可以加分的部分，但是没有的话也不会对最后的结果产生太大影响。

在竞争市场中，竞争壁垒可以分为四种类型。

1. 不可能抄袭

由于存在某种特殊的技术或者模式，各企业无法抄袭某些产品，这类产品一般是医学药物，或者在政策的规定下某些企业可以特许经营，而其他企业没有政策支持无法效仿。这是最好的竞争壁垒模式，创业者如果有类似优势，一定要在商业计划书中展示出来，这会大大加深投资者的好感。

2. 抄袭难度很大

虽然没有政策的支持，但是在某些特定条件下，或许是技术限制，或许是模式约束，其他企业很难跨越门槛复制本企业的产品。这些特定条件可能是团队因素，也可能是拥有某位专业人士，或者是企业拥有独特且先进的思维方式。总之，这些独特优势都可以在商业计划书中体现出来。

3. 有一定抄袭难度

没有政策的支持，也没有某些特定条件，无论是技术还是模式都是可以在一定基础上进行复制的，但是需要投入大量成本。国内很多企业目前处于该阶段，这时的竞争优势则体现在资金上。

4. 抄袭门槛较低

某些产品在市场中存在时间较长，已具有一定标准可以遵循，只要企业投入部分资金，组建相应团队便可以进行复制生产与销售，这类产品的竞争优势明显较低。

在竞争市场中，各种竞争壁垒是不可避免的，竞争壁垒决定竞争的整体状态。创业者在撰写商业计划书时需要明确企业拥有的竞争壁垒，这可能包括技术、资源、政府许可等多方面优势。

7.3 做竞争分析时需要注意的点

正常情况下，企业看中的顾客群体，其他竞争对手也会看好。当某类顾客群体对于某类产品或者服务产生需求的时候，市场也就因此产生了。

而生产这类产品或者服务来满足这个市场需要的各位竞争者便组成了这个行业。企业无论是进入市场，还是进入行业都需要进行前期的调查、研究、分析。

在进入行业时，尤其需要对于竞争对手进行深度分析，了解竞争对手的优劣势，制定正确的战略决策。那么，在撰写竞争分析时需要注意什么？有什么好方法可以遵循？本节将从三方面进行分析。

7.3.1 竞争思路要清晰

面对不同类型的竞争者，创业者撰写竞争对手分析时要思路清晰。市场千变万化，同行业的竞争对手也在不断转换思路。创业者在商业计划书中需要明确本企业的目标，不要因为繁杂而使思路变得混乱，最终主观臆断，做出错误的决策。

为了避免自己的决策错误，创业者不妨在商业计划书中罗列出彼此的优劣势，有针对性地制定相对应的策略。当然，只是简单地罗列不足以让投资者信服，需要创业者附上相应的市场调研数据作为支撑。

在商业计划书中，对于未来的竞争发展也要有所预测，投资者关注的不仅仅是当前的竞争情况，还有未来的竞争发展态势。一个企业的发展需要考虑当前的情况与未来方向的。另外，创业者还可以从以下三点来超越其他竞争对手。

（1）增加产品的细分品类。例如，服装产品的品种繁多，又是人们生活中必不可少的物品。在这个行业的竞争中，可以考虑一些生产企业少但需求大的品类进行投入，这在一定程度上摆脱了竞争压力。

（2）升级产品卖点。市场上同类型的产品可能有很多，但是消费者的眼睛是雪亮的，他们更加追求价格相对便宜，且质量更加有保障，尤其是售后服务更好一些的品牌。

（3）考虑低价市场与高价市场的切换。当同一件产品，市场上都是高品质且高价格时，某些企业可能会生产一些相对物美价廉的产品；当市场上都是物美价廉的产品时，某些企业又开始生产一些高品质的品牌类产品。

只有创业者自己能先做到在各种变动中不受影响，始终坚持自身的发展目标，面对各类竞争者的种种策略，在商业计划书中皆有应对之策，保障企业在任何政策和竞争中都能随着大势谋求到发展，投资者才能对创业者的企业有信心，加入投资的队列中。

7.3.2 看清对手的软肋

在做竞争分析时，需要看清对手的软肋。创业者的企业和其他类似企业虽然同在一个行业，但是各个企业都有自己的优势与劣势。创业者需要隐藏自己的劣势，抓住对手的弱点，制定相应的具有针对性的策略，以此保障自己在竞争市场中的绝对优势地位。

魅族企业的竞品分析，关于看清对手软肋方面的展示。

魅族E3与小米Note3进行对比，首先，同时期生产的同样是6G运存+64GB储存的机型，小米Note3的定价高于魅族E3。虽然仅有几百元的差距，但在2000元左右的手机价位竞争战中，魅族E3相对占了优势，毕竟购买这个价位的手机的消费者对于手机的性能要求并不是那么高。

其次，小米Note3的电池容量虽然高于魅族E3，但是在充电速度上却远不及魅族。当今社会，人们的生活与工作的节奏相对比较快，而手机的使用频率随着触屏时代与软件APP的盛行不断提高。所以对于充电速度的要求就更加追求效率。

最后，小米Note3并非全面屏手机，使用体验和视觉享受不如魅族E3。虽然都是价格相对便宜的手机型号，但是在某些时候消费者还是比较希望能用便宜的价格购买看上去更加"高大上"的机型。也就是虽然花的钱少，但是也能获得很好的使用体验。

上述调查研究的都是小米Note3的劣势，虽然其强大的优势是不容忽视的：它的处理器更加优良，像素远高于魅族E3，电池容量也大。但是劣势就是软肋，魅族E3就是要抓住小米Note3的劣势，进行针对性突破，才能更加准确地抢占竞争市场。

上述案例可以反映出，看清竞争对手软肋的重要性。创业者在撰写商业计划书的竞争对手分析时，一定要注意准确找到竞争对手的劣势，不仅要在此基础上宣扬自己的优势，还要学习对方的优势以弥补自己的不足。并且有条理地罗列出对手的优劣势，结合具体数据效果更佳。总之，取其精华，去其糟粕，不断完善自己的产品。

7.3.3 凸显自身的优势

创业者在商业计划书中做竞争对手分析时，需要凸显自身的优势，也就是创业者需要明确自身产品与同行业产品的不同之处，以及有别于其他企业产品的好处和亮点，消费者在什么基础上认识企业的产品并产生购买欲。

魅族企业的竞品分析，关于凸显自身优势方面的展示。

魅族E3与坚果Pro2进行对比，首先，同时期生产的同样是6G运存＋64GB储存的机型，魅族E3仅需要1799元，而坚果Pro2需要2299元，对比来说，魅族E3更加便宜。同档类型的手机，人们自然更愿意购买相对便宜的机型。

其次，魅族E3拥有侧面指纹识别与屏幕压感Home键的创新，为消费者带来了不一样的体验。这款手机同时胜在了技术的创新，在任何时候人们都是更加在意创新的成果带给人们的不同感受。魅族E3给人的感觉是好像花了同样的资金，却购买了更加高档的手机。

最后，魅族E3的主摄像头非常强大，已经达到了2000W像素，而坚果Pro2的主摄像头只有500W像素。魅族E3的2000W像素支持手机1.8倍的光学变焦和2.5倍的无损变焦。这在一定程度上增强了拍照的实用性，对于喜欢拍照的消费者，购买该款手机是一个不错的选择。

当然，坚果Pro2的存在自然有其价值，它的设计更具特色，符合主流审美。系统运行基于安卓7.1深度定制的Smartisan OS 4.1系统。但是，魅族E3还是抓住了消费者的心理，主力宣传自身的优势，使自身产品不断贴合消费者的需求，抢占竞争市场。

以上案例反映出凸显自身优势的重要性。创业者在撰写商业计划书时，虽然要凸显产品的优势，但是也不能诋毁其他企业的产品。可以用具体数据增添调查研究的真实性，同时也便于投资者理解，让投资者信服创业者的竞争对手分析。

第 8 章

如何介绍
你的优秀团队

团队在一个项目中发挥着至关重要的作用,任何项目没有优秀的团队运作都是无法实现战略目标的。且一个优秀的团队会给企业带来高效率、高品质的工作结果。

在商业计划书中,创业者需要对这部分进行精准描述,抓住重点,凸显团队的优势,展现一个投资者喜欢的团队。

本章会针对团队介绍部分给创业者一个明确思路,告诉创业者需要涉及哪些内容,注意哪些问题,如何合理有效地展现团队的优势。

8.1 团队的组织结构情况

团队是由企业内部各部门员工组成的,团队成员具有不同的背景、不同的文化水平、不同的工作技能。他们一般来自企业的不同部门,为了企业的某个项目聚在一起,组成项目团队。

团队组织结构是指团队成员的组成,是团队工作的基础。团队的组织结构在项目运作中起着至关重要的作用,它可以支持项目的合理运作,在遇见问题的时候,能保障问题得到及时处理。

创业者在设计团队组织结构时，需要从职能结构、层次结构、部门结构和职权结构四点考虑，保障权利分配的合理性，工作的专业性、规范性、时效性，以及后期对于项目运作的监督与控制。对于不同时期出现的特殊风险予以规避，为投资者展现完整的组织结构分析。

8.1.1 职能结构

创业者的公司如果想要稳步发展，离不开各类工作的相互配合，这种配合就是职能的配合。在商业计划书的团队组织结构方面，创业者首先要展现职能结构。职能之间的配合造就了职能结构，职能结构包括以下几种类别。为了更好地让创业者理解这几种职能的区别与特点，下面以一个案例来说明。

一家中型财务公司的正常运营，它需要人事管理职能来保障公司人员的充足，并保障人员的薪资待遇；它需要财务管理职能来对项目的成本和收益以及企业的其他各类费用的正常支出进行核算；它需要行政管理职能来对企业的日常工作、生活事宜进行处理，保障工作人员后勤的稳定；它需要营销职能来实现公司业务的宣传以及客户的初期接待；它需要法务职能，来确保宣传工作和实际业务的规范性，避免侵权和被侵权等行为。

以上示例就是企业职能结构的展示。创业者在撰写商业计划书时，需要结合企业的性质进行设计，以确保职能结构的合理、规范、协调。

职能结构需要规避的内容包括以下几个方面。

（1）职能冗余与弱化。职能冗余与弱化是指一个职能的效用过多或者效用力低，这对职能的价值体现会造成一定影响，这种影响经过日积月累，终会出现大的问题。

（2）职能割裂与分散。职能割裂与分散是指本该属于某个职能发挥的作用，却因为某种原因被割裂成几个部分或者价值被分散，这样会造成人心不齐、职能无法高效实现。

（3）职能交叉与错位。职能交叉与错位在某些时期是不可避免的，但是长期如此，会让原本正常运行的项目产生分歧，轻则影响进度，重则项目停滞不前。

（4）职能分工过细。职能分工过细会浪费过多的人力、物力、财力，得不偿失。而职能的缺失在某些时期会让问题无法得到解决。

创业者在进行职能结构设计时，一定要注意以上几点内容，不要踏入误区，造成不良后果。投资者都是火眼金睛的，他们会很快分辨出创业者的职能规划是否合理，这会影响他们对企业与创业者的评价。

8.1.2 层次结构

层次结构是指管理层次的构成和管理者所管理的具体人数。管理层次一般根据企业的具体情况分为三个层次。

（1）高层管理者负责企业发展的大方向，协调外事活动，任免并且监督中层管理人员。

（2）中层管理者负责监督，审核项目进度，并对项目的发展提供意见与建议。他们有监督、纠正基层管理工作的义务。

（3）基层管理者负责一线管理，对于项目的生产活动，业务的执行操作进行直接管理，他们的下属是业务员。监督业务员的工作，提升业务员的效率，协调业务员的关系是基层管理者的主要任务。

一家中型财务公司经过分析研究，它的需求并不高，高层管理者、中层管理者、基层管理者的人数都很有限。于是，高层管理者便设有总经理一位、副总经理一位、部长一位，他们中有企业法人和股份所有者，他们制定了企业的发展方向和每年的业务总目标。一些长期合作的大公司的负责人也由他们直接接待，以表示重视。公司的盈利与亏损也和他们有直接关系。

这家企业的中层管理者由六位经理组成，每位经理根据公司需求管理好自己的部门。他们听从高层三位领导的指示，并经过研究和协调，将工作内容分发给基层管理者，带领各部门完成工作目标，为企业的发展贡献力量。

企业的基层管理仅设有主管一职，根据每个部门的要求制定人数。例如，记账部便有四位主管人员，但是办公室主管只有一位。主管的下属是专员，专员直接完成具体工作任务。主管要监督并协调好专员们的工作任务，对工作业绩与效率提供保障。

创业者在撰写商业计划书时，需要注意根据企业的需求进行团队管理层次和人员职位的设计。切勿出现过于相似的职位，要保障管理幅度和职权范围的合理性；要考虑工作任务的分配，保障工作性质与数量的整体协调性；要注重保障管理层人员提出管理意见与建议的权利，以及管理决策中权利与义务的分配。

8.1.3 部门结构

部门结构是指管理部门的构成，部门的产生与构成和企业的性质与需求有很大关系。工作任务经细分后，就需要按照它们的类别进行分组，每组就是一个部门，部门之间需要相互协调，共同完成企业的总目标。

一家中型财务公司根据公司的性质与需求将部门分为记账部、外勤部、市场推广部、客服部、行政人事部、财务部。记账部负责具体工作业务，如记账业务、报税业务。简单地说，就是为公司赚钱的部门。外勤部配合记账部的工作，如公司注册、积分落户等，专门负责各项外出业务的办理。

市场推广部主要负责对企业的工作内容进行宣传，这种宣传包括线上宣传和线下宣传两种。线上宣传包括自有网站、其他宣传网站、微信公众号、微博等。线下宣传包括制作易拉宝和宣传礼品到指定地点宣传推广。客服部负责对于宣传推广后的事务，如电话咨询和到店咨询。

这家企业的需求不高，因此将人事与行政业务结合在一起，组成了人事行政部，负责企业的人员招募、薪资结算、员工的后勤事宜。财务部负责财务工作，主要对公司项目的成本与利润进行核算，对日常其他开销进行管理。

创业者需要考虑企业的性质以及各部门人员的数量来进行部门划分。一些重点赚钱的部门可以更加细分，保障业务的效率。而一些管理部门可以根据企业规模的大小、员工人数的多少合理划分，只要不耽误正常的工作即可。这样的组织划分既可以保障工作效率，又可以节约成本。

创业者进行部门划分时需要注意，是否有部门缺失的现象，或者部门是否需要进行优化，以保障权责的分明和保证职务的价值。在商业计划书中明确划分部门，会让投资者更加了解企业的组织结构，知道企业是由哪些部门和专业人士来运营的。

8.1.4 职权结构

职权结构是指各管理层次、各部门之间的权力与责任的划分，以及相互关系的确定。企业是由各个部门组成的，每个部门又根据具体需要划分了管理层次与管理人数。每个管理者根据自己的职位特点拥有不同的权利，承担相应的责任。

创业者在这部分要分清楚职能和职权的区别，职能是指企业需要什么样的职能来完成运营；而职权是指各部门或者负责人拥有什么样的权利，同时也承担相应的责任。

一家中型财务公司根据公司的运营需求划分了三个管理层次。高层管理者总经理、副总经理、部长对公司进行整体管理。总经理和副总经理对企业的发展、项目的开拓有整体规划任务，承担盈亏责任，部长负责管理全公司的人员分配和项目运作情况，对公司内部的大事小情都有明确的了解，同样也会得到利润分红。

中层管理人员是经理，公司将工作任务分为了六个部分，也就构成了六个部门，每个部门配备一位经理管理部门所有事务，这包括工作人员的工作内容分配、提升效率的培训、工作业绩的核算、升职加薪事宜等。部门经理将部门运作得好，会得到相应的物质与福利回报，运作不佳也会承担相应的损失责任。

基层管理人员是主管，每个部门根据部门的规模大小设置主管人数，有的部门主管多达四位，有的部门主管只有一位。他们都是对从事基础工作的专员进行管理，主要负责对新进工作人员的业务教导和老员工工作内容的监督检查，确保工作的质量与效率。

创业者在撰写商业计划书时，需要对企业的性质有深入了解，部门的职权明确分配，进行职权划分的时候才能更加合理、清晰。创业者还需要考虑部门之间、管理岗位之间的权利与义务是否对等。权利与义务的不对等，会让各层次员工感到不公平、不公正，造成人心不齐和业务损失。

合理、明确、对等的职权划分会提升企业管理的有效性，也保障了项目运作的质量与效率。

8.2 管理团队的介绍

管理团队是一个公司的核心团队，是指由决策层和管理层组成的团队，在公司中发挥着重要的作用，是一个公司的大脑和中枢神经，是整个公司运作的指挥者。

创业者要在商业计划书中向投资者展示企业拥有一个优秀的管理团队，他们能带领公司走上正确的道路，为公司带来最大的效益。

其实，一个公司核心团队的人员构成并没有标准模式，每个公司都会有些许不同，但是不会有太大差别，大致包括董事长、总裁、副总裁、总经理、总监、经理、主管、主任、组长等。

建立一个优秀的管理团队对公司的发展至关重要，公司要如何打造一支优秀的管理团队？创业者可以参考以下4点进行合理设计撰写。

（1）增强企业凝聚力，赋予团队每位成员恰当的权利与义务，共同维护企业项目。

（2）团队成员之间形成优势互补，常换位思考，珍惜彼此的关系。

（3）公司利益为重，有自我牺牲精神，不要将私人感情带入工作之中。

（4）团队成员之间多沟通，项目意见求同存异。

介绍完怎样打造一支优秀的团队，下面具体讲解怎样在计划书中介绍管理团队。管理团队的介绍也是一份商业计划书中不可或缺的部分。

8.2.1 团队人数设计

团队人数设计是对管理者的工作进行划分，是对每个部门的人数进行分配或者是明确每位管理团队的成员在这个公司里需要做的主要工作。创业者管理一个庞大的公司是一项非常复杂的工作，为了避免全部重担都落在一个人身上，最好的方法就是进行合理有效的分工合作。

创业者要在商业计划书中展现健全的部门及部门制度，每个部门的人数分配合理，将具体的工作分配到每个管理者身上，各司其职，避免某些部门人数过多，有人无事可做，或者某些部门人数太少，事压事做不完，耽误项目进度。

团队人数的设计既要能提高工作效率，还要保证工作质量。各部门之间的关系要协调好，不要出现管理人员设计分配的矛盾。若有相关问题，也要尽快解决，不要将问题滞留。

某公司的管理团队是这样的工作模式，由于公司管理层相对比较简单，所以每位管理者都做不同的工作，负责不同的领域。该公司在商业计划书中就对主要管理者具体负责的工作进行了介绍。

副总裁——李××，负责公司的宣传和市场推广业务。

副总裁——张××，负责产品的研发和设计工作。

总经理——朱××，主要负责公司内部的管理工作。

副总经理——赵××，负责公司人事、福利、活动等各项工作。

CFO——白××，主管公司的财务工作和公司的投资业务。

运营总监——杨××，负责公司的线上业务。

销售总监——封××，负责公司的线下业务。

法务经理——刘××，负责公司的法律工作，维护的公司的技术专利和知识产权。

人事经理——张××，负责公司的招聘、考勤、人事社保等方面工作的办理。

这份管理者工作划分介绍将集团管理层的分工清晰地展示出来。这样做的意义还在于向投资人展示了一个分工明确的高效管理团队，每个管理层人员专注于不同方面的业务，比一些管理者身兼数职的公司要有优势。这样不但能提升工作效率和工作品质，而且减少了矛盾的产生和问题的发生，这样的工作模式更能吸引投资者。

对于一些规模比较大的公司来说，管理层人数比较多，如果全部介绍的话，会占用比较大的篇幅，投资者不一定有耐心阅读完。因此，繁多的管理层和人员介绍不适合在商业计划书中出现。

在介绍这部分内容时，创业者要注意管理人数的设计。一般情况下，只需要选择负责中心工作的几位管理者进行介绍即可。既控制了商业计划书的篇幅，又能让投资者对团队的管理层有所了解，一举两得。

8.2.2 人员架构

公司的管理层是指对公司内部进行管理的人员，创业者在商业计划书中可以将这类人员分为三个层次。

1. 基层管理人员负责"监工"

他们是第一线的管理人员，他们管理的是业务员，主要职责是给下属分配具体的工作任务，指挥并监督他们高效地完成。这类管理人员根据公司性质不同，主要包括组长、队长、主管、主任等。

对这类管理人员的要求并不高，在年龄方面需要相对年轻一些，因为需要有一定的精力来应对管理工作中的人与事。在学历方面，根据不同公司的要求，基本需要大学本科或者专科学历，受过良好教育，对于管理的方式和意义才能更好地理解与运用。

这类管理人员只要管理好下属的工作，保障项目的正常运营即可，不需要参与公司的发展及决策。

2. 中层管理人员负责"插腰"

他们是高层管理和基层管理之间的管理人员。他们的主要任务是贯彻执行高层管理人员的决策，监督和协调好基层管理人员的工作。这类管理人员根据不同公司的需求，主要包括部门经理、部门总监、部长等。

对这类管理人员的要求相对严谨，在年龄方面相比于基层管理人员可能要年长一些，这是基于阅历和能力做的要求。在学历方面一般要求必须要有大学本科及以上学历，优秀的学历并不一定能证明一切，但是在一定情况下还是对学习能力甚至工作能力的肯定。

3. 高层管理人员负责"挥手"

他们的主要职责是制定企业的总目标、总战略，掌握企业发展的大向方针，他们对于公司的管理负有全面的责任。这类管理人员包括董事长、首席执行官、总经理等。

对这类管理人员的要求不一。这部分管理人员都是基于某种特定因素产生的，他们可能是企业的创始人、合伙人，或者是创始人的朋友、看中的人。由于他们在资本、资源、人脉、能力等各方面有一定优势，所以加入公司被任命为高级管理层人员。一般来说，他们的年龄偏大、学历偏高，但也会因为不同企业的创始与发展有所不同或者变化。

这类管理人员在外部交往中往往代表企业参加活动，以官方的身份出现在各种场合，为企业的合作、企业的形象与信誉度、企业的不断发展壮大添砖加瓦。

不同的企业由于自身性质问题，对于管理层的人员架构要求不一，对他们的年龄、学历、能力的要求也不尽相同。创业者在撰写商业计划书时，需要对这方面进行深度研究，设计符合企业自身要求的管理层人员架构。

另外，在商业计划书中不需要涉及全部管理层人员，选择最有代表性的部分人员来吸引投资者的眼球即可。

8.2.3 擅长领域

优秀的团队管理者对于一个公司或者一个项目来说是十分宝贵的财富，他们可以为团队注入活力，带领整个团队不断进步，促使团队向前发展，还可以带领平凡的员工走向优秀，优秀的员工走向卓越，进而提高团队的整体素质。优秀的团队管理者在公司发挥着中流砥柱的作用。比如，一群由绵羊带领的狮子一定打不过由狮子带领的一群羊，这就是一个团队领导人的重要性。

在商业计划书中，创业者可以将管理团队中重要人物所擅长的领域进行提炼，明确地展示出来，这样可以让投资者更加了解团队中管理人员的价值，这种价值优势最好呈现互补的状态，可以更好地解决企业正在面临的或者未来可能发生的各方面问题。

某企业的计划书中对于管理人员擅长领域的介绍。

某公司董事长戴女士，有能力有人脉，最擅长与上层领导打交道，能为公司带来很多项目。

某公司总经理潘先生，对于公司内部管理很有研究，对上擅长应付各位董事，对下擅长解决员工之间的矛盾问题，具有捍卫精神。

某公司部长王女士，年龄相对大些，有一定阅历，做事严谨，擅长解决财务问题和人事问题。

某销售总监袁先生，攻读市场营销，对于产品的销售与运作很有研究，并且擅长与各类客户打交道。

某策划经理吴女士，对于时尚潮流敏感度高，绘画写作能力强，富有创新精神，曾多次带领团队设计出优秀的广告宣传作品。

优秀的管理者一定富有才华与能力，物尽其用，人尽其才，也很关键。上面这个案例就很能体现每个管理者的优势。创业者不仅需要注意深度挖掘管理人员的能力,将最适合的管理者放在最适合他的位置上,发挥其最大的才能,帮助公司解决重要的问题。

还有一些值得注意的问题,在一个公司中,许多员工会在工作中有诸多不满,提出很多问题。在这样的情况下,领导就应该主动站出来处理这些问题,这也是展现管理者管理能力的时候。如果领导的处理方式不妥,在处理旧问题的过程中又会出现新问题;如果对问题置之不理,就会成为历史遗留问题,后患无穷。

管理者除了要拥有解决部门内工作问题的能力,还要拥有协调员工各方面情绪的能力,保障项目能够正常运作。

创业者在撰写商业计划书的时候,并不需要涉及所有的管理者,也不需要涉及管理者的所有才能,只需要说明几个重要的管理者的主要才能,并且这个才能要与其负责的部门或者项目完美贴合。让投资者看到在管理岗位上的人才的价值,这也是投资者希望看到的内容。

8.2.4 持股情况

任何一家公司,他们的管理层团队与股东的关系都非常重要的。良好的沟通合作可以使管理层和股东达到双赢的结果,如果产生矛盾,甚至矛盾升级常常会出现两败俱伤的结果。

近几年的创业大浪潮,出现了很有意思的现象。企业中的管理团队不再单纯地赚取基本工资和业绩提成,还会得到股份。虽然每位管理者的股份不多,但是整个管理层的占股还是成规模的,这是他们与公司一荣俱荣,一损俱损的表现。

虽然每个管理者的股份不多,但是管理权力相对较大,因为他们是直接接触竞争市场和产品的人,他们的管理会更加贴合竞争市场和目标客户的需求。创业者应该怎样分配管理层持股的情况,需要和管理层保持一个怎样的关系比较好,下面用一个案例展示。

中国平安的管理层团队与股东保持了长期融洽的合作关系。中国平安董事长马明哲以及副董事长孙建一放弃体制内的工作,转到中国平安做职业经理人,并持有公司股份,管理层与股东的利益一致,这为良好的合作关系打下了基础。

中国平安董事会秘书姚军指出:"平安管理层团队跟大股东们合作良好,源于管理层团队拥有股权,他们作为职业经理人的利益和股东利益、公司利益是一致的。有了这种一致性,其他的都好办,如果大家的利益不一致,那就乱套了。"源于这种利益的一致性,中国平安的董事会形成了以公司利益为重的基本氛围。

中国平安的管理层团队与创始人和主要领导人的合作性还体现在董事、高管的薪酬制度方面。管理层的表现与薪酬待遇是直接挂钩的,中国平安董事会薪酬委员会首先审议董事及高级管理人员的表现,然后参照董事会制定的年度发展计划,以绩效为基础提出薪酬待遇建议,董事会审议,股东大会表决后实施。

谈到董事会与管理层团队的相处,马明哲表示:"董事会是帮我们的,老想着董事会、监事会是跟我对抗的,那心态就不对了。作为平安的创始人,我的任务就是培育它,为它打下好的基础,使之得以成长为百年老店。当我以后退出来的时候,我希望它能有一个好的可以永续经营的平台以及长久成长的内在动力。"

中国平安的案例告诉我们,管理层与主要领导人之间的持股情况及关系对企业的发展有至关重要的作用。创业者需要根据企业的具体情况与性质对股份进行合理划分,让股权到达每位关键管理者的手中,为项目的管理与发展寻求更合理的道路。

8.3 创始人和主要领导人介绍

创始人和主要领导人是公司团队中的重要人物,他们对公司的情况有着深层次的了解，也是被大众熟知的公司代表性人物。

提到创始人，便可以想到他所创立的公司。比如，提起马云，可以想到阿里巴巴；提起雷军，可以想到小米手机；提起李彦宏，可以想到百度，等等。而主要领导人则是辅助创始人完成公司的内部管理和项目运作的。

创始人和主要领导人在很大程度上决定了公司的文化、气氛、工作方式，所以在介绍团队时，创业者要对创始人和主要领导人这一部分进行重点介绍，这也是让投资者了解团队的首要途径。但是，投资者并不是对创始人和主要领导人的所有事情都感兴趣，只要将他们比较看重的几点简洁地展示出来，就可以满足投资者这方面的需求。

8.3.1 职业履历

职业履历就是一个人的教育和工作经历，是一份让陌生人迅速了解自己的书面材料。在融资时，职业履历是让投资者迅速了解创始人和主要领导人的最佳途径。教育经历是一个人在成长过程中的重点内容，虽然名校和各类奖项不能代表一切，但能反映一定时期某个人的努力情况。工作的经历就更能说明创始人创建的公司或者主要领导人担任的职务的意义。这方面更重要，也更被投资者看重。

商业计划书中这部分不需要详细介绍，只要包含基本的教育经历和工作信息就可以。但是创业者还是需要挑选一些能让投资者眼前一亮的内容放入计划书中，这样更容易引起投资者的兴趣，增加投资的信心。下面我们可以借鉴以下某公司的商业计划书中对创始人的职业履历的介绍。

某公司创始人×××，毕业于北京大学，在校期间成绩优异，积极参加活动，曾获得过××××××奖项。上学期间多次做校外兼职，体验社会生活，大四曾在××××××公司实习，实习表现优异。

2000年从北京大学毕业，2001年到2006年在某著名外资企业工作，担任项目策划专员、策划组长直至项目总监，领导和同事评价都很不错。2006年，从该外资企业辞职，开始自己的创业之路，在北京创立了自己的第一家公司，主营广告策划。公司经过三年时间，不断发展壮大，影响力不断提升。后来由于管理不善，公司一度出现经济危机。最终在朋友的帮助下度过危机。

自此之后，吸取经验教训，稳步前行，公司又得到了进一步发展。2012年，公司更名，追加投资，拓宽发展道路，并在原有基础上加强了公司管理，实现了公司的快速发展，取得了优秀的成绩和丰厚的收益。

以上介绍包括创始人的毕业院校、在校期间取得的各类成绩、之前的工作经历、共事人的评价。制作者用精炼的文字总结将该公司创始人的履历用一页PPT展现了出来，使投资者对他有了基本的了解。这样的表现形式是投资者喜欢的，能将应该表达的要点表现出来，使投资者看得清楚。在撰写自己的商业计划书时，无论是创始人还是主要领导人的履历，都可以运用这样的方式方法来介绍，相信会让投资者满意。

8.3.2 相关经验

任何创始人都不可能是在对项目没有任何经验的情况下将其创造出来的，每位主要领导人也不可能是在对项目一无所知的情况下做到重要职位上的，他们之前一定有过相关的经历。正是这些经历造就了他们创业的最初想法和项目最终的成功。

投资者一般希望创始人和主要领导人有相关经验，一个初入行业的创始人和主要领导人很难为项目带来希望，也不容易给投资者带去信心。一个有过相关经历的人，无论是成功还是失败的经历，对他来说都是成长，即使是失败的经历，他也能从失败中总结经验，争取下次的进步，这些都是没有经历的人无法比拟的。

所以，在商业计划书中，应该详细描述这部分内容。下面是对阳光媒体集团创始人——杨澜女士的相关媒体工作经历和所获成就的描述，可以作为商业计划书中的项目相关经历介绍的案例展示给大家，具体内容如下。

杨澜从1990年开始从事媒体方面运营或管理经验的工作，起初是央视的节目主持人，负责《正大综艺》节目的主持工作，并且荣获"金话筒"奖项，这是对她的工作能力的肯定。在1998年，创立了《杨澜访谈录》，这是中国首个深度的访谈节目，主要的内容是对全球著名人物进行访谈。该节目自推出后就获得了巨大的成功，对中国电视界造成了深刻的影响，接收过杨澜访问的人物已经有将近900位。

借着该节目成功的东风，杨澜又创办了我们非常熟悉的节目《天下女人》，该节目受到广大都市女性的喜爱，这次经历同样的为杨澜带来了极大的荣誉，为了维护女性权益，实现男女平等，在2016年创办了"天下女人研究院"。这些经历为她积累了丰富的媒体界经验、资源和人脉，成为公司发展壮大的宝贵财富。

以上案例为创业者展示了如何在商业计划书中介绍创始人或者主要领导人的相关经验。职业履历是为了让投资者对创始人和主要领导人有一个基本的了解，而这个相关经验介绍就是对他们进行的更加深入的了解，是给投资者吃定心丸的过程。这方面的介绍要让投资者知道创始人和主要领导人在之前并不是对项目完全没有概念，而是有相关经验的。

其实这和找工作是一个道理，大部分用人单位都希望找一个有相关工作经验的人，他们可以迅速进入工作，没有工作经验的人在前期会花费大量时间去熟悉业务。这样一来，有经验的人的优势就显现了出来。

8.3.3 能力与技术

创始人和主要领导人之所以能做到相应的位置，肯定有其独特之处，这种独特之处主要反映在能力与技术两个方面。

1. 能力

（1）沟通协调能力。这种沟通协调能力反映在四个方面，包括与上层领导的沟通、与平级工作人员的沟通、与下级员工的沟通以及与客户的沟通。

在沟通时要多注意运用语言的能力，这包括口头语言与肢体语言两种。创始人和主要领导人要注意观察细节，任何事物都是从量变到质变的，抓住根源所在，运用合理的语言表达，让被沟通者体会到诚意，便能事半功倍。

（2）随机应变能力。这种随机应变的能力并不是一朝一夕可以练成的，是在学习和工作中不断积累的。

对于工作中出现的问题，创始人和主要领导人要有自己的分析判断能力，不能人云亦云，优柔寡断。要善于观察员工、外部客户等人群的心思，在发生问题时，努力寻求最佳的切合点，以便更好地开展工作，圆满地解决相关问题。

（3）学习与培养能力。俗话说："活到老，学到老"。企业的创始人和主要领导人要带领公司跟上时代的潮流，不断发展壮大。这就需要创始人和主要领导人自身要具备不断学习新鲜事物的能力，提高自身的素质，更好地带领企业员工不断进步，在竞争市场上占有一席之地。

创始人和主要领导人还要注重培养员工，对员工的潜在能力进行开发，帮助员工不断成长，取得进步，走向成功。这对企业的发展具有深远意义。

2. 技术

（1）策划与创新。随着市场竞争的不断加剧，知识经济时代的到来，创业者和主要领导人要想主动出击迎接挑战，就要具有策划能力和创新的技术，还要引进新的思想，提升企业的管理理念，不断研发新的产品，开拓新的市场，为企业的可持续发展策划创新。

（2）带领与管理团队。公司的管理不是某个人的事情，创始人与主要领导人要善于组织公司的人力、物力、财力，充分挖掘企业员工的潜质、发挥企业员工的才能，协同团队成员共同作战。营造具有凝聚力、平等沟通、智慧工作的团队氛围。

（3）培训技能。一个员工的工作效率与绩效，同企业的创始人与主要领导人的培训能力有着很大关系。由于每个企业的性质不同，工作的主要内容也不同，新进员工怎样在最快的速度下对企业和新的工作岗位有深入了解，能更好地适应新工作，这就是培训的价值。

培训包括工作方面的业务素质、项目执行能力、项目控制能力；员工素质方面的责任心、主动性、职业道德。在提高员工培训要求的同时，企业的创始人与主要领导人也要以身作则，对企业员工坦诚相待，做事公平公正。这样不但能提升企业创始人与主要领导人的亲和力，还能提高他们的影响力。

撰写商业计划书时需要重视这方面。能力与技术的突出，不但能让投资者加强对企业的了解，也能提高他们对团队的信任度，更倾向于投资。创业者可以根据以上关于能力与技术方面的介绍撰写商业计划书的相关部分，但是需要注意，相关人员所掌握的能力与技术需要真实有效，不要出现能力与职位不符的情况。

8.3.4 持股情况

除了8.2小节中讲到过的管理层与创始人和主要领导人之间的持股关系以外，对一家公司来说，创业者如何确定创业公司的股权分配方案，同样是一件重要的事情。如何确立创始人与主要领导人？应该怎样进行股权的分配？下面进行具体讲解。

首先，谁是创始人？在一家创业公司里，谁应当作为创始人看似是一个非常简单的问题，实际上是非常棘手的，尤其是在几个人合伙创业的情况下。创始人是一个比较明确的身份，但实际情况总是非常模糊且复杂。判断谁应当作为创始人的最简单的方法是看谁承担的创业风险大。一般创始人在创业初期投入的资金和精力相对较多，但是获得的回报相对较少，承担着企业倒闭之后失业的风险。

创业者在撰写商业计划书时，可以参考以下方案来分配股份。

第一，提出创意并执行应得10%股权。

第二，组建创业团队应得5%股权。

第三，创始人作为CEO应该增加5%股权。

第四，创始人全职创业增加5%～20%股权。

第五，使得创业公司迈出第一步增加5%～20%股权。

第六，创始人的信誉资产可以增加5%～20%股权。

第七，根据现金投入多少增加占股比例。

其次，谁是主要领导人？参与创业公司股权分配的主要领导人应当是合伙人。通俗来讲，就是紧密联系在一起，不可相互替代，各自都有研发、运营、资金、渠道等不同的优势。只有这些合伙人才可以参与分配股权。

介绍几种不能参与股权分配的领导人：第一种是无法持续提供资源的人，第二种是兼职的人，第三种是专家顾问，第四种是早期员工，第五种是发展理念不同或者不能长期坚持的人。

最后，确定好参与股权分配的人就可以进行股权分配了。股权分配首先考虑的因素是出资比例。从法律角度看，股权比例应当由出资比例决定。一般情况下，如果全部合伙人优势基本相当，可以按照出资比例分配股权。实际操作过程中由于合伙人的贡献或者价值大小不同，会有股权调整的空间。

创业者在撰写商业计划书时，可以结合以上内容对创始人和主要领导人的股权进行划分。切不可随意或者错误分配。值得注意的是，公司创始人应当取得相对多的股权。因为创始人是公司的灵魂，对公司负有更多的责任。只有创始人取得相对多数的股权，才有利于项目的决策和执行。

8.4 团队介绍时的注意事项

投资者投资的不仅是企业，还有企业的团队。只有优秀的团队才能创造出优秀的营销模式、大的市场占有率以及丰厚的企业利润。投资者很关注这一点，创业者也需要关注。

在商业计划书的团队介绍方面，投资者希望看到团队成员在做适合他们的，他们也热爱的事。这体现在他们学过相关专业，从事过相关事务，积累过相关经验。所以商业计划书中要突出团队成员的经历与经验，且与当前工作岗位的贴合程度。告诉投资者团队成员为什么适合这个岗位，他们能在岗位上创造出什么业绩或者发挥什么作用。团队组合可以采取互补的模式，有利于企业稳定的发展。

8.4.1 介绍学历背景，如果学历不高，最好不写

创业者在商业计划书中介绍团队时，需要介绍团队成员的学历背景。学历不能断定一个人全部的工作能力，但能反映一定时期内这个人的努力程度，学习能力也是一个人不可或缺的生存能力。这方面的介绍包括两种类型。

1. 有名校背景

如果团队成员是从清华、北大等知名院校毕业的，一定要在商业计划书中有所体现。如果有海外留学经历就更好了，即使只是在一些不著名院校学习过也没关系，留学这个经历体现在商业计划书中已经在一定程度上使团队成员的学习能力和文化交流能力得到了认可。

拥有这样的团队成员，投资者一定会对创业者另眼相看，而且这样的人员在商业计划书中体现得越多越好，会让投资者认为这是一个高学历、高能力的精英团队。

2. 没有名校背景

若是团队成员没有受过很高的教育，那么教育背景应该怎样撰写？

创业者要尽量挖掘团队成员在学习成长中的闪光点，团队成员经历多少艰难才考上某所院校，在校期间团队成员做过什么兼职，参加过什么活动，获得过什么奖项，同学和老师对团队成员的评价如何，实习单位的评价如何。

如果某位团队成员本来考上了名校却因为某些原因辍学，也不失为一个卖点，但是要在商业计划书中介绍相对积极的因素，达到让投资者另眼相看的目的。

团队的学历背景，可能是项目的敲门砖，它的价值是让投资者看重团队。而项目一旦启动，投资者更加看重的就是团队成员的协作能力和项目的运营速度。

创业者不要将一群非常优秀的人简单地放在一起组成一个团队，那样的团队由于优秀成员太多，相互不服气，不受管制，可能会导致人心不齐。这些在计划书中，投资者都是可以看出来并提出疑问的。创业者在组建团队和介绍团队时，还需要考虑他们之间的互补性与兼容性。

8.4.2 介绍团队丰富经验，但不能夸大其词

在市场进入资本寒冬时，不少创业公司破产、倒闭，但是一些有实力、有能力的创业公司却能挺过难关，这与创业团队的共同努力是分不开的。创业期间，经验丰富的创始人和团队能够大大降低创业失败的风险，在进行融资时，投资者也会特别看重这一点。例如，阿里巴巴靠着创始人马云和其核心团队融的3000万元资金安然度过了一次危机，最终成为现今首屈一指的互联网公司。

下面摘录一段腾讯在招商计划书中是如何介绍自己主要的管理团队。

马化腾：主要创办人，首席执行官

马化腾，腾讯公司主要创办人之一，董事会主席、执行董事兼首席执行官，全面负责本集团的策略规划、定位和管理。1998年创立本集团前，马先生曾在中国电信服务和产品供应商深圳润迅通讯发展有限公司主管互联网传呼系统的研究开发工作。马先生于1993年取得深圳大学理学士学位，主修计算机及应用。

刘炽平：总裁

刘炽平，腾讯公司总裁。2005年加盟腾讯，出任本公司首席战略投资官，负责公司战略、投资、并购和投资者关系；于2006年升任总裁，协助董事会主席兼首席执行官监督公司日常管理和运营。2007年，被任命为执行董事。

加入腾讯之前，刘先生为高盛亚洲投资银行部的执行董事及电信、媒体与科技行业组的首席运营官，并曾在麦肯锡公司从事管理咨询工作。

刘炽平先生拥有美国密歇根大学电子工程学士学位，斯坦福大学电子工程硕士学位以及西北大学凯洛格管理学院工商管理硕士学位。

从上面的介绍可以了解腾讯的管理队伍及名人的职责，然后再分别介绍每位管理者的特殊才能，描述每位管理者对公司所做的贡献。这样能让投资者对公司的管理团队有更为清楚的认识，促使他们对公司进行投资。

不过，有些中小公司在撰写商业计划书时，会有意地隐藏自己或者创业团队成员的背景，或者对团队成员的介绍夸大其词。他们之所以会这样，最常见的原因是他们感觉自己的背景、经历和团队不够优秀，无法对投资者形成强大的吸引力。

这样做很可能会带来相反的效果，使得自己的融资项目被投资者筛掉。那么，商业计划书中的这一部分该如何写才能获得投资者的青睐呢？

正确的做法是在正文中将自己和核心团队的经验、背景真实且详细地介绍清楚，以此来消减投资者心中对项目成功可能性的未知感受，这会增加公司对投资者的吸引力，为融资增加一份可能性。另外，还要将团队的核心能力和特色亮出来，让投资者从中体会到项目运营中的团队优势。

千万不能为了让投资者对自己或者团队成员有信心，夸大自己或者团队成员的经历或者经验。要知道，每位投资者都是火眼金睛，一旦他们发现你在说谎，肯定不会给你投资。

因此，需要提醒大家的是，如果你的背景和团队并不突出，不妨将真实情况表述出来。投资者在考虑投资时，并不是只关注创始人是否有足够耀眼的过去和成绩，他们还会关注团队成员的构成情况以及成员的行业经验。

团队成员之间拥有很好的互补性,就能够在面临复杂的市场变化时,准确找到应对的方向。团队之间的灵活性、强烈的求胜心、解决问题的能力以及创业的激情和严谨的态度都是投资者特别青睐的。

第 9 章

财务规划及预测：
数据 + 报表

在商业计划中，财务规划和财务预测是最消耗精力和时间的，因为它们需要对大量的数据进行统计和分析。但是这两部分在商业计划书中是必不可少的，投资者希望从这两部分介绍中了解公司当前的财务状况以及未来预计的财务损益情况，然后据此判断自己的投资能否获得预期甚至更高的回报。

财务规划及预测的制定专业性较强，一些创业者对此没有过多的了解，提交的数据比较杂乱、粗糙，很难获得投资者的认可。这时不妨寻求专业人士的帮助，这样可以确保公司整个财务的规范、合理。

本章会从数据与报表两个部分来为创业者介绍商业计划书中财务规划和财务预测需要涉及哪些内容，确保财务规划及预测的规范性、合理性。

9.1 财务分析的基本数据

财务规划及预测的第一大部分就是企业财务状况的分析，这也是投资者最为关心的部分。投资者是不会将资金投入到一家财务状况不稳定、没有财务规划和未来发展目标的企业。他们需要通过财务分析来看企业在什么时候可以达到收支平衡。

商业计划书的财务分析部分，尽量不要直接预算未来三年企业能够赚取多少资金。未来的财富是看不见的，各方面条件也在变化，这样的预算很难让投资者信服。创业者不如多多提及未来半年到一年时间，企业将需要投入多少资金，这些资金是用来做什么，如人力与物力的成本、硬件服务器、市场推广与营销等。

创业者在撰写商业计划书时，可以从以下四个方面进行财务分析。

9.1.1 企业成长性：销售增长率＋资本增值率

投资者投资一家企业前不只需要看到企业的发展现状，还要看到企业的发展历程与发展预期。在财务方面，投资者希望看到的是，企业的投资大，收益也大。企业的前期投入随着企业的不断发展，它的资本也要不断增值。这部分可从两个方面来看。

1. 销售增长率

销售增长率是衡量一家企业在销售过程中获得多少利润，以及它是处于增长还是下降状态的指标。一家正常发展的，并且有前途的企业应该是处于销售增长率不断提高的状态。销售增长率是是否需要更换销售管理策略的依据。

如果销售增长率偏高，证明企业的销售状况良好，企业整体运营态势也良好。如果销售增长率偏低，说明企业的销售方式有待改善，企业的运营模式不佳。

2. 资本增值率

资本增值率包括资产回报率和投资回报率。

（1）资产回报率。资产回报率是用来衡量企业投入的每单位资产创造了多少利润。资产回报率越高，说明每单位资产带来的利润越大，企业对资产的利用率也就越高。企业资产创造的利润不断增高，企业的资产价值也就随之不断增高。这个指标能间接反映企业在增加收入和节约资金方面的比例。

（2）投资回报率。投资回报率是用来衡量投资活动所带来的收益大小，也是企业获得利润的重要来源。投资的方式有很多种。例如，引进先进设备、开展营销活动、购买股票债券等，也可以根据投资方式的不同，分为实业投资和金融投资。

计算投资回报率可以为企业优化资源配置、改进投资策略、降低销售成本、提高利润率。投资回报率越高，企业的获得的利润越高，资本增值率也相应增高。企业的成长离不开销售增长率和资本增长率的提高。这两点要素的价值越高、提升越快，企业的发展越好，成长空间也就越大。

创业者需要根据以上内容进行财务规划及企业成长性预测的撰写。值得注意的是，每一位投资者都希望企业的销售增长率和资产增值率不断提升，从而使投入的资金得到更多回报。

创业者要向投资者展示企业拥有良好的销售增长率与资本增值率，能够保障投资者的利益回报，让投资者放心投资。

9.1.2 盈利能力：毛利率＋净利率＋净资产收益率

盈利能力是指企业通过经营，最终获得利润的能力。企业的盈利能力越强，收益越高，投资者的回报越多。利润是企业各方都比较关心的问题，盈利能力也是创业者运营业绩和管理效果的集中体现。因此，在商业计划书中，财务规划与企业盈利能力分析十分重要。

财务分析中的盈利能力主要从三个方面进行介绍。

1. 毛利率

毛利率是根据产品的销售程度而言的，当公司的产品销售出去后，企业能够从中获得利润，但是产品的利润又分为好几种类型。销售毛利是指成本与售价之间的差额。

毛利率公式：

销售收入净额＝销售收入－销售折扣或转让

销售毛利＝销售收入净额－销售成本

毛利率＝销售毛利/销售净额×100%

毛利率可以反映产品的增值效果，体现企业的增值情况。它受市场竞争、企业营销、研发成本、品牌效应、固定成本、技术工艺、周转率、生命周期等因素的影响。创业者需要注意规避这方面的风险，尽量展现良好的企业盈利毛利率，赢得投资者的好感。

2. 净利率

净利率公式：

净利润＝总利润－所得税费用

净利率＝净利润/销售收入×100%

净利率是一项重要的经济指标，它间接表现了企业的竞争能力。对投资者来说，他们可以通过净利率看到投资回报的大小。净利率也是经营成果的表现，净利率越高，企业的经济效益越好。

投资者自然是希望看到企业的净利率处于不断增长的状态，这代表他们所投资金在不断创造价值。因此投资者也要更加注重净利率。

3. 净资产收益率

净资产收益率公式：

净资产收益率＝（总利润－所得税费用）/股东权益

投资者通过净资产收益率可以看到股东权益的收益水平，知道企业自有资本的使用效率。它的数值越高，证明企业运用资本的能力越强，投资收益越高。这是投资者希望看到的投资结果。

创业者在商业计划书的财务规划部分要清楚明确地向投资者展示以上几个表示盈利能力的数值。投资者比较关注盈利能力的状态，什么时候能达到预期盈利目标？如果出现问题，企业有什么办法解决问题？企业的资本能坚持多久的运营？这些都是需要向投资者介绍的内容。

9.1.3 负债安全性评估：短期＋长期

负债安全性评估是对全部资产的情况进行评估，这种评估是建立在企业净资产价值上的。在对企业进行负债安全性评估时，不仅要对企业全部资产价值作出评估，还要对企业的负债进行审核。

根据负债安全性评估的性质，负债可以分为两个情况。

1. 短期负债

短期负债是企业在一定时期内快速筹集资金的方式。对于企业来说，部分资金可以通过短期负债获得。对于流动资产投资，可以通过短期负债进行资金筹集。短期负债一般有效期为一年，到期需立即偿还。

短期负债一般通过银行信用和商业信用两种方式取得。银行信用又分为信用贷款和担保贷款；商业信用分为赊销、期票和商业承兑汇票三种形式。创业者可以根据企业的需要，选择适合的短期负债，但要保障企业与投资方的财务安全性。

2. 长期负债

长期负债的期限一般在一年以上或者一个营业周期结束，分为长期借款、长期应付款、长期债券等。

长期负债相比于短期负债，数额较大、期限较长、风险较高。因此，长期负债设有一定的条件限制。创业者若是选择这种方式进行资金筹集需要指定明确的资产作为担保，还需要确切的担保人及偿还基金，以此保障投资者的利益。

负债安全性评估是根据企业短期和长期负债的实际数额、方式、项目运营状况综合性分析得来的。企业可以根据以上的介绍在商业计划书中进行企业负债的设计，但是对于负债形式的选择，要符合项目的运营需要。在保障企业发展的同时，维护投资者的利益，这样才能获得投资者的青睐。

9.1.4 资产运营能力：流动资产周转率＋总资产周转率

资产运营能力是指创业者的企业运营资产的能力与经济效益，通过对这方面的分析，发现企业的问题所在，并为企业的发展指明方向。

资产运营能力分析方面主要反映在周转速度与效率上，也就是资产周转率。资产周转率指的是销售收入和平均资产总额之比，是衡量企业资产管理效率的重要财务指标，在财务分析体系指标中占有重要地位。

这里的资产周转率是指总资产周转率。在考察企业资产运营效率时，总资产周转率是一个很重要的指标。它能够体现企业经营期间全部资产从投入到产出的流转速度，能够反映企业全部资产的管理质量和利用效率。

对于一个企业来说，通过分析总资产周转率可以发现企业与同类企业在资产利用上的差距，从而能够促进企业提高资产管理质量、提高资产利用效率，最终促进企业的长足发展。从这一点上来看，资产周转率在企业发展中具有非常重要的意义。

资产周转率的计算公式为：

资产周转率 = 周转额/资产

资产周转率 = 总营业额/总资产值

或

资产周转率 = 本期销售收入净额/本期资产总额平均余额

其中，

本期资产总额平均余额 =（资产总额期初余额 + 资产总额期末余额）/2

总资产周转率还可以分为两个方面。

1. 流动资产周转率

流动资产周转率是用来分析、评价企业资产利用情况的重要指标，流动资产周转率的数值越高，代表企业的资产周转率越高，周转速度也就越快。流动资产周转率数值较高，不但能够提升流动资金的使用率，还可以增强企业的盈利能力。若是流动资产周转率过低，企业的流动资金会被大量占用，企业盈利能力减弱，会造成资产浪费的问题。

流动资产周转率公式：

流动资产周转率＝销售收入/平均流动资产。

其中，销售收入是指企业项目产品通过销售产品得到的总收入，而平均流动资产是指企业流动资产的总额在年末与年初数额的平均值。

创业者可以通过降低成本，将资金用于短期投资增强创造财富的能力，还可以扩大销售模式，提高流动资金的使用率，加强对于企业的内部管理。

2. 固定资产周转率

固定资产周转率的数值越高，企业的固定资产结构与投资越合理，企业的固定资产越能发挥其价值。反之，则代表固定资产使用效率不高，企业运营能力不强。

固定资产周转率公式：

固定资产周转率＝销售收入/平均固定资产

这里的平均固定资产代表期初和期末的平均值。

创业者在商业计划书的财务规划部分的资产运营能力分析中，可以运用以上的方式进行设计撰写，为投资者展示良好的资金周转能力，让投资者看到创业者企业的盈利能力和财务管理能力。这对于投资者的投资意向也是一种助力。

9.2 财务分析与预测的3大报表

公司财务是投资者着重调查的重要内容，因为财务状况往往能够反映出企业经营现状、存在的各种问题、未来的发展方向等。因此，创业者需要在财务方面做好准备，将财务报表等投资者一定会查看的资料整理好，尽量完美地写入商业计划书，这样才会给投资者留下好印象。

在调查公司财务状况的过程中，投资者主要会看公司的三大财务报表，包括资产负债表、现金流量表和利润表。这三个表能准确地反映企业的收入、支出、效益。

创业者在撰写商业计划书时，需要充分展现企业这三大财务表格的价值。只有企业拥有良好的财务状况和优质的财务发展前景，才能吸引投资者。

9.2.1 利润预测表

利润预测表是反映企业收入、成本、费用、税收情况的财务报表，展现了企业利润的构成和实现过程。企业内外部相关利益者主要通过利润预测表了解企业的经营业绩，预测企业未来利润情况。投资者通过利润表来获取信息，这些信息包括一些内容，如表9-1所示。

表 9-1 投资者获取的财务信息

项目	内容
销售收入与成本	近3~10年销售收入、销售量、单位售价、单位成本、毛利率的变化趋势；近3~10年产品结构变化趋势；企业大客户的变化及销售收入集中度；关联交易与非关联交易的区别及对利润的影响；成本结构、发现关键成本因素，并就其对成本变化的影响做分析；对以上各因素的重大变化寻找合理的解释
期间费用	近5~10年费用总额、费用水平趋势，并分析了解原因；企业主要费用，如人工成本、折旧等的变化； 其他业务利润；了解是否存在稳定的其他业务收入来源，以及近3~5年数据
投资收益	近年对外投资情况，及各项投资的报酬率
营业外收支	有无异常情况
对未来损益影响因素的研判	销售收入；销售成本；期间费用；其他业务利润；税收
收入核查	要有购销合同；要有发票（增值税、营业税发票等）；要有资金回款；要有验收或运费单据；要有纳税申报表；要缴纳相应的税款。
成本核查	要有配比的原材料购进和消耗（含包装物）；购进原材料需开有增值税发票；对重要和紧俏的原材料需预付款；购销业务付款周期正常；要有仓管签字的有数量金额的入库单据

续表

项目	内容
生产能力核查	新建项目需按时建设完工；能正常全面生产；对生产线产能的核查；对耗能的核查（耗煤、耗水、耗电，分月）；对仓储和运输能力的核查；寻找其他与产能相配比的资料

表9-1是投资者可能从利润预测表中得到的信息，也是他们考虑是否投资的一部分关键内容。需要创业者注意的是，投资者审查企业利润预测表需要达到四个目的。

（1）对损益表存在性认定的检查。具体是指证实企业损益表中的各种收入、费用交易在一定时期确实已发生。

（2）对损益表完整性认定的检查。具体是指证实企业损益表中已包含企业一定期间所有的收入、费用交易而没有缺失。

（3）对损益表的估价与分摊认定的检查。具体是指证实损益表中收入和费用等要素均已按适当的方法进行计价，列入损益表的利润总额、净利润等金额正确无误。

（4）对损益表合法性认定的检查。具体是指证实企业按照法定程序分配利润。

这里需要提醒创业者，不能为了拿到投资，而向投资者提供虚假的财务报表。因为投资者的专业经验丰富，很容易识别出来。一旦被投资者识别，就很难拿到投资。创业者还是要本着诚信做人，诚意做事的原则，为投资者展现真实的数据。但是可以在不影响大局的情况下，对企业财务数据进行部分包装，给投资者留下良好的印象。

9.2.2 资产负债预测表

创业者在商业计划书的财务规划与预测方面，第二个要展现的表格是资产负债预测表。投资者可以通过资产负债预测表了解企业的权益构成，明确知晓管理层是否对资源进行了合理的利用，未来资产是否会得到增值，最终决定是否投资。创业者要注重对资产负债预测表的编辑。

那么资产负债预测表都涉及哪些内容？创业者怎样进行资产负债预测表的撰写？下面用一个表格来对资产负债预测表包含的项目进行详细解释，如表9-2所示。

表9-2 资产负债表包含的项目及解释

包含内容	详细解释
货币资金	企业库存现金、银行结算户存款、外埠存款、银行汇票存款、银行本票存款和在途资金等货币资金的期末余额
短期投资	指企业购入的各种能随时变现，持有时间不超过1年的有价证券以及不超过1年的其他投资
应收票据	企业收到的未到期也未向银行贴现的票据，包括商业承兑汇票和银行承兑汇票
应收账款	指企业在正常的经营过程中因销售商品、产品、提供劳务等业务，应向购买单位收取的款项
其他应收款	企业在商品交易业务以外发生的各种应收、暂付款项
预付账款	企业预付给交易单位的款项
应收补贴款	企业按照国家规定给予的定额补贴款项
存货	企业在日常活动中持有以备出售的产成品或商品、处在生产过程中的在产品、在生产过程或提供劳务过程中耗用的材料或物料等
其他流动资产	除货币资金、短期投资、应收票据、应收账款、其他应收款、存货等流动资产以外的流动资产
长期投资	不满足短期投资条件的投资，即不准备在一年或长于一年的经营周期内转变为现金的投资
固定资产折旧	在固定资产使用寿命内，按照确定的方法对应计折旧额进行系统分摊
无形资产	企业拥有或者控制的没有实物形态的可辨认非货币性资产，包括商标权、专利权等

续表

包含内容	详细解释
递延资产	本身没有交换价值，不可转让，一经发生就已消耗，但能为企业创造未来收益，并能从未来收益的会计期间抵补的各项支出
其他长期资产	除流动资产、长期投资、固定资产、无形资产和长期待摊费用以外的长期资产
递延税款借项	所得税费用小于应交所得税的差额，是采用纳税影响会计法进行所得税核算的企业，预付所得税款的资产
短期借款	企业为维持正常的生产经营所需的资金或为抵偿某项债务而向银行或其他金融机构等外单位借入的、还款期限在一年以下（含一年）的各种借款
应付票据	企业在商品购销活动和对工程价款进行结算因采用商业汇票结算方式而发生的，由出票人出票，委托付款人在指定日期无条件支付确定的金额给收款人或者票据的持票人
应付账款	企业（金融）应支付但尚未支付的手续费和佣金
预收账款	企业按照合同或者双方约定向购买单位或接受劳务的单位在未发出商品或提供劳务时预收的款项
应付工资	企业对员工个人的一种负债，是企业使用职工的知识、技能、时间、精力，应给予职工的一种补偿（报酬）
应付福利费	企业准备用于职工福利方面的资金。比如职工的医疗卫生费用、职工困难补助费，以及应付的医务、福利人员工资等
应交税金	企业应交未交的各项税金，如增值税、消费税、营业税、所得税、资源税、土地增值税、城市维护建设税、个人所得税等
应付股利	企业按投资协议规定应该支付给投资者的利润
其他应交款	企业需要向国家缴纳的各项款项中除了税金以外的各种应交款项，主要包括教育附加费、车辆购置附加费等
其他应付款	指企业除应付票据、应付账款、应付工资、应付利润等以外的应付、暂收其他单位或个人的款项，包括应付保险费、存入保证金等
其他流动负债	用以归纳债务或应付账款等普通负债项目以外的流动负债的资产负债表项目

续表

包含内容	详细解释
预计负债	根据或有事项等相关准则确认的各项预计负债,包括对外提供担保、商业承兑汇票、产品质量保证、未决诉讼、重组义务以及固定资产等产生的预计负债
长期借款	企业向银行或其他金融机构借入的期限在一年以上的各项借款
应付债券	尚未偿还的各种长期债券的本息
长期应付款	企业除了长期借款和应付债券以外的其他多种长期应付款
其他长期负债	偿还期在1年或者超过1年的一个营业周期以上的负债,除长期借款、应付债券、长期应付款等以外的长期负债
实收资本	投资者作为资本投入企业的各种财产总额,包括货币资金、实物、无形资产三种

创业者对于资产负债预测表的编辑可以参考上述表格,这方面需要注意的是,表格里的预测数据需要和公司实际业务运行相符合。不要为了获得投资而胡乱编辑,投资者眼明心亮,会很快发现数据信息失真并且产生怀疑,最后可能放弃投资。

资产负债预测表反映了企业在特定时间下的全部资产、负债和所有者权益情况,是投资者对创业公司进行财务规划预测审查的重要项目。创业者在计划书中对资产负债预测表的展示有利于投资者明确了解企业实际的财务能力与发展能力,确定投资意向。

9.2.3 现金流量预测表

现金流量预测表是预测一定时期内企业经营活动、投资活动和筹资活动对其现金及现金等价物所产生影响的财务报表。这也是创业者在商业计划书中向投资者展示财务方面内容的最后一个表格。

在市场经济环境下,现金流的多少直接影响着企业的生存和发展。即便企业的盈利能力良好,但如果现金流断裂,也会对企业的生产经营造成重大影响,严重时还会导致企业倒闭。

现金流的重要性需要引起创业者的注意，现金流量预测表在企业经营和管理中的地位也日益重要。

投资者通过创业者的现金流量预测表可以看到现金的净增加额。在企业融资和投资规模不变的情况下，现金净增加额越大，说明企业的活力越强；反之，则越弱。创业者需要在现金流量预测表中向投资者展示八大比率。

1. 自身创造现金能力比率

自身创造现金能力比率＝经营活动的现金流量/现金流量总额

企业创造现金能力比率越高，说明企业自身创造现金能力越强。企业经营活动的净现金流量从本质上代表了企业自身创造现金的能力，是偿还企业债务的最终依靠。

2. 偿付全部债务能力比率

偿付全部债务能力比率＝经营活动的净现金流量/债务总额

偿付全部债务能力比率表示企业在一定时期内每1元负债由多少经营活动现金流量所补充。偿付全部债务能力的比率越大，说明企业偿还全部债务的能力越好。

3. 短期偿债能力比率

短期偿债能力比率＝经营活动的净现金流量/流动负债

短期偿债能力比率越大，说明企业的短期偿债能力越好。

4. 每股流通股的现金流量比率

每股流通股的现金流量比率＝经营活动的净现金流量/流通在外的普通股数

每股流通股的现金流量比率越大，说明企业进行资本支出的能力越强。

5. 支付现金股利比率

支付现金股比率＝经营活动的净现金流量/现金股利

支付现金股比率越大代表企业支付现金股利的能力越强。股利发放的多少与股利政策有关。

6. 现金流量资本支出比率

现金流量资本支出比率＝经营活动的净现金流量/资本支出总额

现金流量资本支出比率主要表示企业利用经营活动产生的净现金流量维持或扩大生产经营规模的能力。这一比率越大，说明企业的发展能力越强；比率越小，说明企业的发展能力越弱。

7. 现金流入对现金流出比率

现金流入对现金流出比率＝经营活动的现金流入总额/经营活动引起的现金流出总额

现金流入对现金流出比率反应企业经营活动所得现金满足企业所需现金的程度。如果这一比值大于1，那么企业可以在不增加负债的情况下维持再生产；反之，企业会增加负债。

8. 净现金流量偏离标准比率

净现金流量偏离标准比率＝经营活动的净现金流量/（净收益＋折旧或摊销额）

净现金流量偏离标准比率反映了经营活动的净现金流量偏离正常情况下应达到的水平程度，标准值为1。

创业者可以根据以上八大比率编辑现金流量预测表。需要注意的是，要利用往年真实的数据及科学的运算方式，预测现金流存量。如果企业主营业务没有太大变化，其他因素则影响不大，可以根据增长率进行正常预测。

第 10 章

融资需求：
融资计划 + 融资方案

前面章节，创业者为投资者介绍了企业的产品、商业模式、市场运营、优秀团队、竞争对手、财务规划等。如果已经初步得到投资者的认可，那么下一步便可以向投资者提及资金的事宜，也就是融资需求。

融资需求是商业计划书中比较重要的部分，虽然涉及的内容并不多，但却是撰写计划书的目的之一，创业者需要重视。那么，如何向投资者说明创业者的想法？从哪些方面进行撰写？本章节会为创业者详细介绍融资需求，以便创业者写出让投资者满意的融资计划和方案。

10.1 资金需求计划

关于融资需求，首先需要展示的部分就是投资者的资金需求计划，也就是融资计划。好的融资计划会让投资者看到所投资金带来的良好经济收益，促进企业的发展与壮大。相应的，投资者的投资回报也会相应丰厚。

那么，怎样的资金需求计划才是有价值的、能让投资者青睐的？它包括哪些内容？下面分两个部分为创业者讲解如何进行融资需求计划的设计。

10.1.1 资金需求的时间性

融资需求的时间性,简单点说,就是所投资金的使用节奏。在商业计划书中介绍资金需求的时间性是为了让投资者清楚地知道资金可以使用多久,心中有底,便于投资。

资金的使用时间规划分为三种。

1. 保证资金使用期限

创业者拿到投资虽然是一件好事,但是如若不进行合理的规划,投资资金很快便会使用完。市场竞争瞬息万变,创业者既无法保障运营的项目会达到预期效果,也不能保证下一轮融资会顺利进行,因此对于所获投资的使用情况还是要踏实地进行规划。

2. 由目标和管理决定

所投资金的使用期限受企业目标和企业管理的影响。融资的目的就是为了达成既定的市场份额,若是得到投资,企业急于达成目标,则花钱的节奏就会加快。

企业的管理决定着花钱的节奏。若是企业需要扩张就会增加管理问题,管理要求降低,花钱节奏会慢一些,但是管理跟不上企业的需求就会造成部分投资的浪费,创业者需要对这方面内容予以重视。

3. 将财务总监作为重要防线

某人如果能够胜任财务总监,说明他对公司财务很了解,且对财务相关问题也很明白,因此,将财务总监作为所投资金使用规划的重要防线是比较合理的保障。优秀的财务总监会告诉管理者资金的流动方向,而不是对所有业务经理的花费申请都予以同意。

以上三种投资花钱的节奏是比较适合创业者撰写在商业计划书中的,相信投资者不会以创业者乱要钱的理由拒绝投资。

10.1.2 说明资金用途

关于融资用途，需要细化到具体项目上，这部分内容创业者需要慎重思考后再进行设计，要与企业的业务拓展计划相关联，制定合理的资金分配方案。

很多时候，创业者对融资用途的表述不够全面。融资用途不仅指创业者现在如何使用资金，还指未来3~5年公司的发展规划。融资成功后，资金主要有三部分的用途。

1. 开展项目

大多数创业者融资的目的都是开展项目，打入市场。这一部分应当写清楚具体的财务规划，如产品研发花费、广告投入花费、租用场地花费等。

2. 扩充创业团队

在开展项目的过程中，创业者会发现人才短板，此时应当把人才吸引到团队里。假如公司进入发展转折期，但是团队却没有什么变化，发展速度就会受到限制。所以，创业者应当舍得用投资人的钱去扩充创业团队。

3. 探索商业模式

商业模式是不断发展变化的，所以创业者要时刻不忘探索和优化商业模式。与此同时，还需要检查、优化商业模式或者新商业模式的效果，保证钱花到实处。

某婚庆平台，通过互联网工具对线上线下资源进行整合，为有婚庆需求的人提供全方位的服务。它对自己的定位是一站式的婚庆服务网站，与其对接的有婚宴、珠宝、婚礼策划、婚纱等商家。

创业者在商业计划书中明确自己有两种优势。

第一，在这个行业里，本企业的团队不仅具备互联网思维，还拥有足够的婚庆领域的从业经验。

第二，掌握用户真正的需求。

平台可以为用户解决服务质量不可靠、消费陷阱、消费不透明等问题，让用户可以放心使用。

在计划书中，创业者对资金用途做了全方面规划，表明融资资金会用在三个方面。

一是用在打磨线上产品，也就是对PC端和移动端APP的建设。

二是打算建立服务标准化体系。

三是建立规模优势。

创业者把资金重点用在这三个方面，可看出其对项目的有力掌控程度，知道公司应该注重哪些方面，在向投资者申请资金时也会有充分的理由。

由此可见，资金用途在商业计划书的融资需求方面的重要性。创业者关于资金的使用划分，需要从投资者的角度出发去考虑。如果创业者将筹集来的资金用在投资者所愿意看到的用途上，并且公司会因此而获得不错的发展，那将是一举两得的事情。

10.2 融资方案

在商业计划书中，融资方案是不可缺少的内容，投资者对这部分内容很关注。创业者需要重视这部分内容的设计。融资方案的正确选择，有助于企业融资计划的成功，对于企业未来的发展壮大也甚有益处。

那么，怎样撰写这部分内容才能让投资者满意？本节将从两个方面介绍融资方案，希望能帮助创业者找到融资方案设计的方向。

10.2.1 企业出让的股份

创业者需要融多少钱，出让多少股份，直接关系着投资者投多少钱，换多少股。融资金额不能太大，否则投资者会因为风险大而拒绝投资；融资金额也不能太少，否则无法满足公司的发展需求。

对于初创公司来说，可以通过运营成本来估算需要多少投资金额。一年半的运营成本是一个比较合适的数值，上下浮动10%都可以。

那么，如何计算一年半的运营成本呢？下面是三个重点。

一是不需要计算准确值，找到范围即可。

二是灵活对待财务模型，预算表只是一个参考，不一定要严格按照预算表去执行。

三是保证营收/毛利增长大于成本增长，否则说明公司的经营出了问题。

在实践过程中，有些创业者将房租、员工薪资、广告营销等费用一项项摊开来计算，这是比较原始的做法。当前使用比较广泛的模型为"运营成本＝人员薪资×固定倍数"。在发达国家，一家公司的运营成本等于员工薪资×2。在国内，一家公司的运营成本＝员工薪资×10。

比如，公司一年半时间里的员工薪资为50万元，那么这一年半的运营成本大概为500万元。计算出需要的投资金额以后，建议确定大于这一数值的融资金额。当然，这不是几亿元的差别，而是1000万元和1200万元的差别。这样的融资差额可以给公司提供更好的试错机会，让公司在经济不景气的条件下，也能继续扩张。

相应的，投资者通过投资换取创业者企业的股份，也要获得对等的收益。

收益分配制度直接关系到投资者的利益，所以投资者会重点关注这方面的内容。创业者在制作商业计划书时，需要将这一部分内容写进去。那么，企业收益分配制度包括哪些内容？

1. 每年可供分配的收益来源项目和金额

企业可供分配的收益由以下三部分组成。

（1）本年实现的净利润

（2）年初未分配利润

（3）其他转入

2. 每年收益分配的方向和具体方案

根据《公司法》等有关法规的规定，一般企业和股份有限公司当前收益应按照下列顺序分配。

（1）弥补以前年度亏损

（2）提取法定盈余公积金

（3）提取法定公益金

（4）支付优先股股利

（5）提取任意盈余公积金

（6）支付普通股股利

（7）转作资本（股本）的普通股股利

这一顺序是不能颠倒的。

3. 每年年末公司的未分配利润

企业本年实现的净利润进行了上述分配后，仍有余额，即为本年的未分配利润。本年未分配利润加上上期未分配利润的合计数，即为本期末未分配利润累计数。

10.2.2 资金其他来源

除了上述的企业出让股份是各大公司常用的融资方案，还有一些其他的方案可以借鉴。下面来看看这些方式是什么。

1. 融资租赁

出租方根据承租方的选择，向供货商购买租赁物提供给承租方，承租方要按照合同规定，在一定期限内将款项分期支付给出租方。

创业者需要注意的是，要想通过融资租赁的方式获得融资，企业的项目条件要过硬，因为这种方式的融资需要考察企业未来的现金流量，投资者关注的是项目而不是企业的整体情况。企业的租赁信用也是非常重要的，这是为下一次的借贷提供良好的基础。

2. 银行承兑汇票

银行承兑汇票是一种向银行申请签发承兑汇票的方式融资，经过银行的审核同意，正式受理银行承兑约定，银行需要在汇票上注明承兑字样与签章。这种方式是用银行为创业者进行担保，投资者不用担心收不到款项。这种方式比较适合于中小型企业的融资，拥有"短、频、快"等优势，降低了企业的财务方面的支出。

3. 不动产抵押

不动产抵押是现在市场上运用最多的融资方式，但是创业者需要注意的是，一定要关注国家的法律法规，如《担保法》《城市房地产管理法》等。在获得融资的同时，既不能违反法律法规，也要避免受骗上当，影响企业的正常运营。

4. 提货担保

这种融资方式的优势在于减少了企业资金被占用的压力，有助于企业现金的流动。但是创业者需要注意，一旦办理这种方式的融资，将来收到单据是否符合要求都不能拒绝付款和承兑。

5. 国际市场开拓资金

这部分资金属于中央外贸发展基金，创业者选择这种方式的融资，需要注意这种融资方式是否支持本项目。

其主要包含的项目有：质量与环境管理体系、软件出口、产品认证、培训学习、展览会、研讨会等。对于新兴国际市场会优先支持。

6. 互联网金融平台

与其他融资方式相比较而言，选择这种融资方式的企业，平台将会对企业的资质进行严格的考察，选择出最有价值的项目向投资者公开。

当投资者选择好了投资项目，平台便会在线生成有法律效力的借贷合同。并且在投资成功之后，监督企业的运营，保障投资者资金的安全。

这种融资方式在利用了互联网优势的同时，还结合了传统金融机构对风险的控制。处于投资者和融资方的中间位置的互联网金融平台，和第三方担保机构、信用评级机构、资产管理机构保持紧密的联系，保障后期的资产管理。

以上几种资金来源，为创业者提供了其他可以展现给投资者的融资方式。创业者可以根据企业的发展条件与面对的市场情况进行合理设计，找到适合企业发展，又满足投资者投资方式的融资方案进行融资。

第 11 章

退出机制：
方式＋内容

在投资过程中，如果获得投资的公司已经发展到一个成熟的状态或者未来很难有较大发展，那么投资者为了保护自己的利益，减少损失，就会将自己的股权变成资本。这是投资中的收益阶段，也是投资者收回资本进行再循环的途径。为了投资者可以清楚地知道他们如何退出，实现收益，创业者必须在计划书中将退出机制阐述明白。

11.1 资金可以退出的方式

投资者获利的根本来源是流动性的资本，在资本循环流动的过程中进行资本增值，而退出机制就是实现增值的有效途径，也保证了资本的良性循环。风险投资者在进行投资之前，会想要知道公司为他准备了怎样的退出机制，在清楚地看到资本运作的出口之后，会提高他们为公司投资的概率。因此，公司需要为投资者准备合理的退出方式供他们选择。

股份上市、股份转让、股份回购是最常见的几种退出方式。在进行融资时，公司会将投资者的退出方式展示在计划书中，投资者可以根据公司提供的退出方式的合理性来判断是否进行投资。如果决定投资，这也是他们在退出时选择对自己最有利的退出方式的一个依据。

11.1.1 上市融资

股份上市是以公司挂牌上市的方式使投资者实现资本退出，上市有主板上市和二板上市两种。股份上市是公司在证券市场向大众发行股票，投资者在这过程中将自己的资本转化为股权，获得收益，实现资本增值。一些企业没有达到在主板上市的要求，他们会选择在美国纳斯达克等创业板市场上市。

美国通过对资本退出方式进行调查，发现有三分之一的投资者会选择股份上市的退出方式，因为这种方式回报率高，有的甚至可以达到700%。所以，股份上市被认为是退出资本的最好方式。但是这种方式会受资本市场成熟程度的影响，大部分中小型企业达不到上市的标准，这就给投资者带来了风险。

为了使投资者消除这些顾虑，准备了此种退出方式的公司应该对自己公司的上市有一个大致的计划，某智能手机的商业计划书就采取了这样的做法。

上市：本公司会选择IPO或借壳上市的方式来使股票实现流通，并且公司有明确的上市计划，在五年之内将公司发展到可以达到上市的标准。与此同时，会适当地进行融资使资本得到良性循环，尽快实现上市的目标。在此之后，投资者可以以抛售股票的方式从公司退出。

在这个计划书中，该公司并没有只把上市这一退出方式列举出来，而是将自己公司的上市计划做了大致的描述，将公司的上市时间以及为公司上市所准备的措施展示了出来，比如，私募资金、上市前融资、增加资产负债率、合理运用上市公关等。看到这些，投资人就会减少对公司无法成功上市的担心，这样就比那些只把方式列在那里的公司更有优势，获得投资的概率也会增大。

下面还可以来看一个处理不当的商业计划书中退出方式的案例。

本公司是新兴的现代化公司，具备非常大的发展潜力，市场前景广阔，以后可能会在美国或者中国的主板市场上市。

该商业计划书中对公司上市没有做足够的描述，只是提到会考虑在纳斯达克或者国内主板市场上市，这样的表述方式并不能带给投资者信心，他们担心公司不能成功上市会给他们的退出增加难度，所以在投资时会更加慎重。

将这两个案例进行比对，可以明显看出某智能手机公司对上市退出方式的介绍更加具有吸引力，单纯从这方面来看的话，投资者会对那个智能手机公司进行投资。

由此可以看出，在制定商业计划书的上市退出方式时，不能单纯地把方式摆在PPT中，最好是把公司的上市计划简单地概括出来展示给投资者，消除他们对公司无法成功上市的顾虑，放心地把钱投出去。

11.1.2 股份转让

股份转让也是投资者退出的一种方式，随着公司不断扩大发展，需要的资金会更多，如果投资者不想或者是没有能力接着为公司投资，那么他们就可以通过股份转让的形式退出，把自己的股份转让给他人，收回自己的部分或所有资金，再用收回的资金为其他公司投资，实现资金的循环流动。

这种方式可以为投资者带来3.5倍左右的收益，是投资者喜欢的仅次于股份上市的第二种方式。这种方式分为两种类型。

1. 离岸股权交易

离岸股权交易主体为境外投资者，境外投资者对国内的创业公司投资的时候，首先会在一些管制宽松和税负较轻的离岸法区注册一家概念股公司。注册的公司将会作为壳公司对国内创业公司进行投资，投资者通过该壳公司间接持有国内创业公司的股权。

对于境外投资者来说，在管制宽松和税负较轻的地区设置壳公司，有助于他们日后对外商投资企业的重组。在离岸股权交易中，外商投资企业本身的股权没有发生变更，变的是企业股东。

因此，离岸股权交易只适用于境外壳公司所在司法区的法律，并接受该司法区监管部门的管辖。

2. 国内股权交易

国内股权转让是指投资者直接出售国内公司的股权，从而实现退出。接收股权的投资者既可以是其他境外投资者，也可以是国内投资者。国内股权交易包括私下协议转让、在区域股权交易中心（即四板）公开挂牌转让等。

如果投资者通过股权转让的方式退出，对公司的股权结构不会有影响。因为公司只是发生了股东变化，其他未转让股权的股东不受影响。

比如，公司的股权结构为40%、30%、20%和10%，持有10%股权的股东通过股权转让退出，公司的股权结构依然为40%、30%、20%和10%。不同的是，持有10%股权的股东发生了变化。

因此，如果将来投资者试图通过这种方式退出，创业者不需要过于忧虑。但股份转让的过程中面临着复杂的内部决策以及烦琐的法律程序，这些都可能成为股份无法成功转让的影响因素，使投资者面临着无法用这种方式顺利退出的风险。

在商业计划书中，大部分公司会向投资者提供股份转让的退出方式，因为这种方式会使投资者获得较高的收益，对投资者产生吸引力。

11.1.3 股份回购

股份回购是公司的管理层和股东对投资者的股份进行回购的一种退出方式。这种方式下的投资者获得的退出收益比前两种低，只有20%左右，但这是一种较为稳定的方式。

从公司角度来看，股份回购可以使公司被完整地保留下来，维持公司的整体性和独立性。可以将资本退出的损失降到最小，不至于影响公司的运营。公司管理者可以对规模已经扩大的公司进行更好的把控，增加了他对公司的控制权。而且这种方式相对来说比较简单，过程中的损失也比较少。

从投资者角度来看，相对于股份上市和股份转让来说，他们得到的收益很低，并且还需要公司的管理者找到其他的融资作为杠杆，以便为股份回购提供资金方面的支持。股份回购的方式比较适合日常经营顺利，发展稳定但是没有希望达到上市标准的公司。在这样的情况下，投资者会向公司转让他的股份套现。

对大部分投资者来说，股份回购是一个备用选择，因为这种方式对公司和投资者都有好处，是一种可以实现双赢的方式。所以，股份回购的退出方式发展十分迅速，已经成为美国投资者退出资本的主要方式。虽然在我国采取此种退出方式的案例数量并不是很多。

但是，通过分析股份回购退出方式的发展趋势，不难看出这种方式很有可能成为以后我国投资者退出投资的一种现实选择。所以商业计划中应该尽量为投资者提供这样的退出方式。

11.1.4 公司清理

公司清理退出方式是对已经失败的投资的一种退出方式。投资失败之后，投资者为了尽量收回残留资本会采取这种方式。这是投资者最不愿意看到的一种退出方式。

清算是企业在破产解散之前，为了减少损失的一种做法。清算分为两种：破产清算和解散清算。破产清算是公司不能按时偿还债务，在宣告破产后由法院按照规定对公司进行清算。解散清算是依照相应的清算程序解散公司的做法。公司一旦进入清算程序也就代表着公司的生命周期已经结束。

公司的清算过程是要支付成本的，而且清算的法律程序比较复杂，会耗费较长的时间。所以不是所有投资失败的公司都会进行清算。如果公司的债务不多而且债权人也不予追究，那么公司和投资者不会去进行公司清算，而会选择其他的方式经营公司，再对公司剩余价值的分配进行协商。

公司清算退出对于投资者来说是一种不得已而为之的选择，虽然投资亏损，得到的是负的收益，但至少还可以收回一些投资资金，是投资者在投资失败时将自己的损失降到最低的一种方式。

一个聪明的商业计划书制定者不应该将此种退出方式呈现在计划书中，这是投资者最不希望的一种退出方式。根据对大量商业计划书的观察来看，大部分计划书都没有将这种退出方式考虑进去。

因为没有一个投资者希望在还没有投资之前就要为投资失败做准备。提出这样的退出方式的公司会给投资者一种缺乏自信的感觉，会让投资人对公司的盈利能力产生怀疑，进而影响他们对公司的投资决策。

11.2 退出机制：条件+风险

为了促进资本的良性循环流动，实现资本增值，大部分的投资者并不会只对一个公司进行投资，他们会选择在适当的时机从公司脱身。所以，在投资之前他们必须要了解如何从公司退出。

这时，创业者就需要将一份科学合理的退出机制呈现在他们面前，他们只有在计划书中看到自己希望的退出方式，才有可能为公司投资。

商业计划书中这部分虽然非常重要，但是并不需要占用过多的篇幅，最好是将所有的退出方式展示在一张PPT中。在商业计划书中，撰写一份完整的退出机制应该包含退出机制的条件以及退出机制的风险等必要内容，做到"麻雀虽小，五脏俱全。"也就是说虽然篇幅不大，却可以包含投资人想知道的所有重要信息。

11.2.1 退出机制的条件

退出机制的条件设计是对投资者在什么样的情况下才可以退出资本的规定，是退出机制的重要组成部分。一般来说，不存在不可退出的投资，只会有条件是否合适的问题。在进行退出机制的条件设计时，要充分考虑公司和投资人的利益，不能出现偏向一头的情况。

如果只考虑投资者的利益，没有规定退出条件，那么投资者就可以随时退出，这样的话会对公司的发展造成影响。另一方面，如果公司只考虑自己的利益，为投资者的退出制定了严苛的条件，那么投资者是不会满意的，也就不会对公司进行投资。

在设计退出条件时一定要把握好双方的平衡。下面可以来看一个智能手机公司的案例，具体内容如下。

1. 股份转让

经过公司董事会的认真讨论，决定投资者在公司的持股时间至少有两年以上，两年之后，投资者如果想退出，可以通过转让股份的形式成功退出，退出时要严格按照国家的法律法规执行。如果投资者想要提前退出，则需要与公司进行协商，双方共同解决。

2. 第三方收购

为了最大限度地保证投资者的利益，公司可以考虑通过第三方收购的方式来使投资者成功退出。

3. 债务、股权重组

在投资者的资金到账三个月之后，投资者有进行债务或股权重组的权力，但是在从公司退出之前，重组的次数不能超过两次。公司也有负债率方面的管理机制和对财务的控制，负债率不能高于总资产的35%，所以，在这方面，股权必须一直处于主要地位。

这个公司在商业计划书中就将退出机制的条件设计得比较合理。他们为每一种方式都设计了相应的退出条件。股权转让的退出条件是持股期必须超过三年，这是对公司利益的保障。若未超过三年，原则上不许转让，如必须转让则须同公司协商解决。

这是从投资者的利益出发设计的条件，做到了双方利益的平衡，设计较为合理。后两种方式也有合理的条件设计，像全部资金到位两个月之后，投资方可以选择股、债重组和在保证全体投资人利益的前提下，不排除考虑接受第三方收购的方案作为投资退出的途径等。

该公司这些条件的设计都较为科学合理，在制作自己公司的退出机制时可以借鉴，但不能照搬照抄，必须要结合自己公司的实际情况。

在商业计划书中，退出机制是重要部分，而退出机制的条件设计更是重中之重。有的公司对这方面不重视，这是不正确的，退出机制不仅关系到融资的成败，还可能导致以后投资者退出资本时与公司产生分歧，造成损失。所以出于对双方利益的考虑，应该认真设计退出机制的条件，可以在借鉴其他公司对退出条件设计的前提下，结合自己公司的实际进行制定。

11.2.2 退出机制的经典案例

在商业计划书中介绍得再多、再好也不如一份实际的案例来得直观。以下为大家挑选出了一份比较有代表性的经典案例。通过该案例，可以使大家对退出机制的撰写更有心得，案例具体内容如下。

退出机制：

投资者不再需要长期持有本公司的股份，可以按照自己的意愿适时退出。拿到自己应该获得的利益。本公司一直以实现投资者退出时的资本增值的最大化为宗旨，坚持可以为公司带来最大收益为目标。

本公司为投资者准备了三种退出方式：IPO（首次公开发行）、股份出售、公司并购。其中最成功、回报最多的退出方式是IPO。为了可以使投资者以这种方式退出，本公司将设立创业板，具体战略规划是：2018年实现股份制改造；2019年可以达到上市标准成功在创业板上市。本公司将时刻关注创业板的市场情况、与证券界保持密切的联系。争取实现在2018年上市的计划，届时投资者可以成功地从公司中退出。

该企业的退出机制将退出方式阐述得比较清楚，最大的亮点是直接告诉投资者能够以获利最多的方式——上市退出,并且将公司的上市计划和措施都展示在这一部分中。投资者可以从该介绍中看到自己以这种方式退出的希望,这是在退出机制部分最能吸引他们的一点。在制作计划书时可以借鉴该经典案例。